KATARINA WITT

Französische Originalausgabe:
© 1988 by Editions P.-M. Favre, Publi SA, CH-1002 Lausanne

Deutsche Ausgabe:
© 1988 by Panorama Verlag AG, Spitalstraße 22,
CH-9450 Altstätten, Tel: 0 71/75 50 60

Übersetzung aus dem Französischen: Sabine Roland und Almut Kodron
Photos: Umschlag Gérard Vandystadt
Inhalt Gérard Vandystadt, Jean-Marc Loubat, Yann Guichaoua
Simon Bruty (Allsport-Vandystadt International), Christian Petit, Steve Powell
(Allsport-Vandystadt International), Paul Sutton, Laslo Veres.
Alle Photographien aus diesem Werk stammen aus der Privatsammlung von Gérard Vandystadt
und den Archiven der Agence de Presse Vandystadt Paris

Alle Rechte vorbehalten. Nachdrucke sowie jede optische, akustische und elektronische
Aufzeichnung, Speicherung und Wiedergabe, auch auszugsweise, nur mit ausdrücklicher
Genehmigung durch den Verlag gestattet.

ISBN 3-907506-65-0

Bernard Heimo Félix Clément
Photos Gérard Vandystadt

KATARINA WITT

PANORAMA
VERLAG

Schönheit ist nichts anderes als das Versprechen von Glück.
Stendhal

Vorwort

Bei den Olympischen Spielen ziehen uns jedes Mal aufs Neue die Akteure – die Sportlerinnen und Sportler aus der ganzen Welt – mit Ihrem Können, ihrem Talent und ihrer Begabung in Bann.

Bei den XV. Olympischen Winterspielen in Calgary (Kanada) vom 13. bis 28. Februar 1988 war das nicht anders.

Zu denjenigen, die die Begeisterung und Bewunderung der Zuschauer und Fernsehzuschauer in der ganzen Welt hervorriefen, gehört ganz besonders Katarina Witt, die einzige Eiskunstläuferin der Welt nach der legendären Sonja Henie aus Norwegen, die zwei Olympiatitel gewinnen konnte. Aber in Calgary wurde nicht nur die sportliche Leistung belohnt – und es ist in der Tat eine ganz besondere sportliche Leistung, sich vier Jahre lang an der Weltspitze zu halten – sondern auch die strahlende Persönlichkeit dieser jungen Sportlerin aus der DDR.

Mehr als jeder anderen Athletin ist es Katarina Witt während ihrer sportlichen Laufbahn gelungen, die für den modernen Eislauf unerläßlichen athletischen Eigenschaften mit einem ganz besonderen, persönlichen Charme zu verbinden; mit ihrer Grazie, ihren leichten, harmonischen Bewegungen und ihrem eleganten und hoheitsvollen, aber nie hochmütigen Auftreten hat sie alle verzaubert.

Gerade wegen dieser Eleganz ihrer Darbietungen auf dem Eis und ihrer grazilen Weiblichkeit hat das Publikum sie verstanden, verehrt, man könnte fast sagen, in seine Arme genommen.

Die Erfolge, die sie im Lauf ihrer jungen Karriere – die sie nun leider beenden will – erzielt hat, sind das Ergebnis eines unermüdlichen, ständigen Fleißes gepaart mit diesem Quentchen Besonderheit – bei ihr eine bezaubernde Andeutung von schalkhafter Ironie –, die alle großen Sieger ausmacht.

Katarina hat mit ihrem Talent eine Sportart bereichert, die von nun an eine Hauptattraktion der Olympischen Spiele sein wird: den Eiskunstlauf. Wir sollten ihr noch einmal danken für die glanzvollen Momente voller Charme und Meisterschaft, die sie uns mit ihrem strahlenden Lächeln auf dem Eis geschenkt hat.

Juan Antonio SAMARANCH
Präsident des Internationalen Olympischen Komitees

Lebensfreude

Schauplatz Davos: der Ort wirkt grau und verschlafen. Die Saison zieht sich hin, fast kein Mensch auf den Straßen. Touristen und Einheimische treffen sich heute im Eislaufstadion, um Katarina Witt zu ehren, die Königin des Eiskunstlaufs.

Die schöne Deutsche aus der DDR hat mit 22 Jahren beschlossen, sich vom Wettkampf zurückzuziehen; 12 Titel hat sie bei Europameisterschaften, Weltmeisterschaften und Olympischen Spielen gewonnen. Dem Publikum bleibt sie aber erst einmal noch erhalten. Nach ihren Erfolgen macht Katarina eine Tournée um die ganze Welt, um die Hochrufe und den Beifall eines begeisterten Publikums entgegenzunehmen.

Dieses Mal sitzen keine Punktrichter auf den Rängen. Ihr Urteil spielt keine Rolle mehr. Nun kann die Show beginnen, ihr sind keine Grenzen mehr gesetzt.

Katarina steigt aus dem Bus, der die Sportler bringt. Einige Fans halten ihr Poster und Photos hin und bitten um ein Autogramm. Die Eisprinzessin läßt alles sehr gut gelaunt über sich ergehen, sie ist auffallend fröhlich. Kati hat sich geändert. Spannung und eiserne Disziplin gehören im Moment der Vergangenheit an. Wenn sie jetzt eisläuft, so ist es aus purer Freude für sich und ihre Bewunderer. Früher wirkte sie verschlossen, die blauen Augen immer auf ein abstraktes Ziel gerichtet, jetzt lächelt sie ungezwungen und offen. Das Mädchen aus Karl-Marx-Stadt kann sich mit 22 Jahren endlich entspannen und (fast) leben wie andere junge Leute in ihrem Alter. Vor nicht allzu langer Zeit war dies noch ein unvorstellbarer Luxus...

Katarina hat Spaß, sie ist ausgelassen, munter und hübsch. Sie ist der fröhliche Mittelpunkt der Gruppe. Sie lacht, flirtet mit Kurt Browning*, ihre Augen leuchten. Man fühlt ihre Lebensfreude; so sind Menschen, die keine Sorgen mehr haben.

Auf dem Eis ist die große Katarina dann sogar fast gestürzt – ein Fehler im Eis. Aber auch das konnte ihre gute Laune nicht trüben. Ihre Fans haben nichts gemerkt, sie jubeln, der Zauber der Witt wirkt wie immer! Niemand konnte bisher der Begabung und dem Charme dieser jungen Frau widerstehen, die Sportgeschichte geschrieben hat.

Noch kurz vor dem Start zu dieser großen Abschiedstournee ist Katarina Witt in ihre Heimat gefahren, um dort die Lorbeeren dieses wohlverdienten und von allen anerkannten Ruhms zu ernten. An diesem Sonntag ist Ostber-

---
* Er sprang bei den Weltmeisterschaften 1988 in Budapest den denkwürdigen vierfachen Toe-Loop

lin trotz der Kälte in Aufregung, denn es gilt, eine Königin zu empfangen. Die Werner-Seelenbinder-Halle ist brechend voll. Alle hohen Parteifunktionäre sind natürlich auch da, und auch die stolzen Eltern.

Ihre Darbietung wird natürlich ein Riesenerfolg. Der Jubel der Zuschauer gilt jedoch der Person, die so viel für die Farben ihrer Nation getan hat. Katarina Witt wird nicht nur als Sportlerin gefeiert, sondern vor allen Dingen auch als Erfolgssymbol.

Nicht nur in den USA können Träume Wirklichkeit werden...

88: Das Jahr der großen Herausforderung

Der Sport der Einzeldisziplinen ist oft grausam. Es ist nicht leicht, zum Gipfel zu gelangen, aber sich dort zu halten, ist noch viel schwieriger. Viele sind zu weit gegangen, haben den Schauplatz nicht rechtzeitig verlassen, d. h. als sie noch Erfolg hatten und berühmt waren. In einem einzigen Augenblick, einem einzigen Wettbewerb wird dann das Bild zerstört, das man in vielen Jahren aufgebaut hat. Der überhebliche Sieger, der über allem schwebt, wird wieder ein Athlet wie alle anderen. Das strahlende Lächeln wird durch die Niederlage ausgelöscht. Der Meister ist nicht mehr makellos; ein Wettkampf, und er kann in der Anonymität verschwinden.

Die Wette von Katarina Witt, sie wolle drei große Wettbewerbe in einem Jahr gewinnen – Europameisterschaften, Olympische Spiele und Weltmeisterschaften – war verrückt. Sonja Henie hatte zwar auch drei olympische Titel gewonnen, aber zu ihrer Zeit war die Konkurrenz auch bei weitem nicht so stark.

Prag und die Europameisterschaften waren also nur eine Etappe auf dem Weg zum Gold. Ein kleines Vorspiel vor dem großen olympischen Fest. Es bot vor allem Gelegenheit, das Kürprogramm der Deutschen aus der DDR zu sehen. Katarina hatte sich die berühmte Musik von Bizet ausgesucht. 4 Minuten lang war sie Carmen, die personifizierte Verführung. Millionen von Fernsehzuschauern fühlten sich wie Don José, ihre Herzen schlugen im gleichen, heftigen Rhythmus.

Katarina Witt war mit größter Entschlossenheit nach Prag gekommen. Sie wußte, daß es hier nicht nur um einen Wettbewerb ging, sondern daß hier das Duell mit der Amerikanerin Debi Thomas begann. Durch einen unglaublichen Zufall hatte die «schwarze Perle», die Weltmeisterin von Genf im Jahre 1986, dieselbe Musik gewählt. Carmen gegen Carmen: diese Rivalität, dieser Kampf haben die Welt begeistert und die Eislaufgeschichte geprägt.

Während des gesamten Wettbewerbs erscheint Kati gespannt, nervös. Zur gleichen Zeit verbucht Debi Thomas auf der anderen Seite des Atlantiks einen großen Erfolg und wird US-Meisterin. An den Ufern der Moldau gewinnt Katarina Witt ebenfalls, sie wird wieder Europameisterin. Im Gegensatz zu ihrer Rivalin überzeugt sie jedoch nicht ganz: sie macht kleine Fehler und versucht auch nicht den dreifachen Rittberger. Ihre Sprünge erscheinen plötzlich weniger hoch, weniger sicher. Schon ertönen die ersten Kassandrarufe, und man sagt ein Debakel für Calgary voraus. Allerdings, Katarina hatte ihr Ziel erreicht, sie hatte gesiegt. Kira Iwanowa, Claudia

Leistner und die anderen konnten sie nicht weiter beunruhigen. Dieser Erfolg läßt sie kalt... Ihre Gedanken sind ganz woanders, weit, weit weg in einer abgelegenen Stadt in der Provinz Alberta, in Calgary.

Dorthin richtet sich ihr gesamter Ehrgeiz. Sie hat alles auf eine zweite olympische Goldmedaille gesetzt!

Calgary

In diesem merkwürdigen Ort am Schnittpunkt zwischen Wildem Westen und Gegenwart wird Katarina ihren höchsten Trumpf ausspielen, sie wird ihre amerikanische Rivalin schlagen, und erst dann wird sie sich wirklich freuen können. Debi Thomas ist wild entschlossen zu siegen. Sie ist hier quasi zu Hause, bei einem Publikum, das sie auf Händen tragen wird. Das ist ein großer Vorteil. Aber können 19000 frenetisch jubelnde Zuschauer eine Jury beeinflussen?

Diese beiden so verschiedenartigen jungen Mädchen werden für die Dauer der Spiele die Welt in Atem halten. Es wird das große Duell der olympischen Kämpfe sein. Zwei Carmen – und eine Medaille. Die Eisprinzessin aus Karl-Marx-Stadt gegen die schwarze amerikanische Perle aus Wichita. Zwei Welten stehen einander gegenüber. Die 4 Minuten der Kür entscheiden alles. Die Würfel sind gefallen, die bessere wird gewinnen...

Debi Thomas ist eine überragende Eiskunstläuferin, sicher die beste, die sich Katarina jemals in den Weg gestellt hat. Das kleine Mädchen aus Wichita, einer einsamen Gegend im Staat Kansas, entdeckt das Eiskunstlaufen per Zufall. Ihre Mutter nimmt sie in die «Ice Follies» mit, eine der besten amerikanischen Eisrevuen. Debi ist hingerissen, sie sieht einen herrlich komischen Clown; es ist Werner Gröbeli, ein Schweizer, der zusammen mit Hans Ruedi Mauch die Kinder mit der «Frick und Frack» Nummer in Begeisterung versetzt.

Der Entschluß ist gefaßt! Debi Thomas wird eine berühmte Eiskunstläuferin werden! Ihre Eltern ziehen von New York nach Kalifornien. In diesem Staat, der den Mythos Amerika verkörpert, verdient sie sich ihre ersten Sporen in einer Sportart, bei der es so viele Fußangeln und Fallstricke gibt und bei der schließlich nur wenige Sieger übrigbleiben.

Jean-Christophe Berlot von der Zeitschrift «Patinage Magazine» hat Debi in dieser Zeit kennengelernt, als ihr Name noch nicht bekannt war. Er schildert diese Begegnung in seiner Zeitschrift so: «In der Mitte der Eisfläche taucht ein junges Mädchen auf. Ich verfolge sie mit den Augen. Sie versucht einen Sprung, dann noch einen. Sie ist nicht wirklich besser als die anderen, aber sie stellt sich besser an. Der Nachmittag geht vorüber. Ich bin immer noch da, sie springt immer noch. Sie hat keine Pause gemacht, ihr Gesicht ist schweißüberströmt. Zwei Stunden lang, vielleicht auch drei: Konzentrieren, vorbereiten, springen, entspannen. Das ist hart, auch in Kalifornien, dem Land der Filmstars und des sonnengebräunten Lächelns.

Natürlich bin ich bis zum Schluß geblieben. Sie auch. In den Umkleideräumen habe ich sie gefragt, was sie macht. Sie hat mir erzählt, daß sie zur Zeit den dreifachen Flip übt. Den dreifachen Flip – jetzt schon, und dabei darf sie doch gerade erst an den lokalen Wettbewerben teilnehmen. Verfügt

Amerika denn über ein so großes Reservoir an Eiskunstläufern und -läuferinnen? Niemand weiß das genau, und man wird es auch nie genau wissen. Aber so entsteht der Erfolg des amerikanischen Eiskunstlaufs, hier, mit diesem kleinen, einsamen und freiwillig übenden Mädchen.»

Später werden sich dieser Fleiß und dieser außergewöhnliche Wille zum Erfolg bezahlt machen. Zufälle gibt es nicht, wenn es sich um die Geburt einer Meisterin handelt. Debi gibt zwar ihr Bestes für ihren geliebten Sport, aber einen Teil von sich behält sie auch für das Studium; das ist die andere Seite dieser in allen Punkten außergewöhnlichen Athletin. 1985 wird Debi zu den Universitäten von Harvard, Princeton und Stanford zugelassen. Sie entscheidet sich für Stanford: es ist eine der berühmtesten Universitäten, mehrere Nobelpreisträger sind aus ihr hervorgegangen!

Gegen alle Logik und zum größten Entsetzen von Alex McGowan, ihrem stets freundlichen und nachsichtigen schottischen Trainer, beschließt Debi, zwei Karrieren gleichzeitig anzugehen, und zwar auf höchster Ebene. Absolut verrückt, meinen alle, nur Debi nicht. Sie ist so fleißig wie nie zuvor, nimmt alle möglichen Opfer auf sich, Zeiten und Entfernungen spielen keine Rolle. Leidenschaft, das ist die Waffe, mit der sie alle in diesem verwegenen Kampf schlägt. Und außerdem ist ihr Talent genauso grenzenlos wie ihr Ehrgeiz.

Sie wird schnell berühmt. Fünfte der Weltmeisterschaften 1985 in Tokio, 1986 wird sie beste Amerikanerin. Sie ist auf ihrem Weg...

Debi ist bereit, Katarina muß zittern. Das ist der Anfang eines erbitterten und gnadenlosen Zweikampfes.

Ein kurzer Blick zurück: Genf. Die Amerikaner stellen ein kleines Wunder vor, eine schwarze Perle von 18 Jahren, die sich vor nichts und niemand fürchtet: Debi Thomas. Sie ist eine echte Kämpferin. Sie ist perfekt auf dem Eis. Katarina Witt ist die große Favoritin, und dieser Gedanke hilft ihr. Beim Kurzprogramm jedoch funktioniert die schöne Maschine nicht ganz einwandfrei. Ein Fehler bei der Kombination, und alles ist vorbei. Debi Thomas wird Weltmeisterin.

Cincinnati: das Riverfront Coliseum ist die Kulisse für die Revanche. Katarina Witt hat sich vorbereitet wie noch nie. Dieser Titel gehört ihr. Sie will ihn unter allen Umständen zurückgewinnen. Dieses Mal trifft es Debi: der Druck ist zu groß, beim Kurzprogramm verliert sie. Die Schöne aus der DDR hat alles wieder ins Lot gebracht. Sie hat das, was ihr zusteht, wieder zurückgeholt, und zwar im Land ihrer Rivalin, das ist ganz wichtig.

Calgary: Alles ist offen. Zu den Takten der Musik von Bizet wird man die beiden Meisterinnen miteinander vergleichen können.

Carmen gegen Carmen.

Carmen gegen Carmen

Calgary hat sich für das große Fest so schön wie möglich gemacht. Jeden Abend bilden die Gebäude im Stadtzentrum die Kulisse für eine Super-Show mit Lichtorgeln und Feuerwerk. Die Nordamerikaner sind wie große Kinder. Sie amüsieren sich, und das ist die Hauptsache. Sie gehen zu den einzelnen Wettbewerben wie zu einem Volksfest, allerdings der Luxusausgabe!

An einem Ort jedoch wird es auch für sie ernst und spannend: im riesigen Saddledome, einer der schönsten Eislaufbahnen der Welt mit 19 000 Sitzplätzen. In dieser herrlichen Anlage finden die Eishockeyspiele statt und der Eiskunstlauf. Die Jungs der kanadischen Mannschaft, alles nette Studenten, haben überhaupt keine Chance, die sowjetischen Superprofis zu stürzen. Nein, die Medaillen für die Nation können nur von Brian Orser oder Elizabeth Manley geholt werden, der Shirley MacLaine auf dem Eis.

Aber wer wird nun Olympiasiegerin im Eiskunstlauf? Das ist die große Frage, die alle beschäftigt. Über das Duell zwischen Carmen und Carmen wird schon unheimlich viel geschrieben, bevor es von Tränen der Freude oder der Enttäuschung zu berichten gibt. Katarina und Debi erscheinen auf den Titelseiten aller Zeitschriften. Alle geben ihre Prognose ab. Die beiden Meisterinnen werden analysiert, seziert und verglichen, bevor sie auch nur einen Schlittschuh auf das Eis gesetzt haben.

Unter bestimmten Umständen ist Eiskunstlaufen auch ein psychologischer Krieg. In diesem Spiel ist Katarina besser. Sie holt sich schon von Anfang an Punkte, die vielleicht bei der Endabrechnung ausschlaggebend sein können...

Man wartet auf sie wie auf eine Göttin. Ihre Ankunft auf kanadischem Boden wird zur Sensation. Die Reporter sind in Aufruhr. Man möchte so viele Interviews mit ihr, daß der Leiter der DDR-Delegation eine Pressekonferenz organisieren muß.

Der große Saal ist brechend voll. Es ist Wahnsinn, man könnte meinen, man sei in Hollywood oder Cannes.

In diesem Augenblick wirkt Kati nicht mehr wie eine Sportlerin – sie ist ein Star, eine echte Diva, und die Amerikaner lieben das. Sie sind immer auf der Suche nach neuen Idolen...

Jérôme Bureau hat in der Zeitschrift «Le Sport» diese irrsinnige Situation gut beschrieben:

«Katarina Witt wird erwartet. Aber man erwartet sie nicht wie zu einer Pressekonferenz, sondern eher wie zu einer heiligen Handlung. Und als die

Hunderte von Reportern endlich sitzen, die unzähligen Kameras endlich bereit sind, da kommt sie in den Saal, und da hält selbst sie den Atem an. Sie errötet leicht, lächelt ganz kurz, beißt sich in die Oberlippe. Es ist, als gäbe es für fast eine Stunde lang nichts anderes mehr auf der Welt als dieses schöne junge Mädchen, der die Amerikaner nie wirklich ganz verzeihen werden, daß sie in der DDR geboren ist. ‹Katarina, bitte, antworten Sie doch auf Englisch, sie sprechen es so gut, und es klingt so charmant...› Fast alle Fragen beginnen mit diesem Wunsch.»

Debi Thomas dagegen ist zurückhaltender. Sie erklärt lediglich: «Ich bin unbesiegbar.»

Der Wettkampf auf dem Eis beginnt mit der Pflicht auf einer kleinen Eisbahn am Rande der Stadt, eine unwürdige Umgebung für solch eine Begegnung!

Die Pflichtfiguren sind das genaue Gegenteil von einer Show, sie wirken fast surrealistisch, man kann darüber geteilter Meinung sein. Vielen Künstlern fällt es schwer, plötzlich wieder folgsame und fleißige Schüler zu sein.

Dies ist für die Eiskunstläuferinnen der längste Tag: drei Figuren sind auszuführen, zwischen jeder Figur gibt es lange Wartezeiten, und in dieser Zeit muß man seine Nerven im Zaum halten.

Katarina kommt recht gut damit zurecht. Debi auch. Sie werden Dritte bzw. Zweite. Kira Iwanowa gewinnt die Pflicht. Aber sie hat schwache Nerven. Sie hat keine Chance, auf die oberste Stufe des Siegertreppchens zu kommen. Vor dem Kurzprogramm (7 Pflichtelemente eingebettet in eine Mini-Kür) ist immer noch alles offen.

Debi Thomas hat Glück: sie muß nach ihrer Rivalin laufen. Kati wärmt sich auf, den Blick nach innen gekehrt; dieser Wettkampf kann alles entscheiden. Die Spannung steigt!

Die anderen Läuferinnen werden wenig beachtet, nur Elizabeth Manley bringt die 19000 Zuschauer zum ersten Mal zum Jubeln. Aber alle warten auf Kati und Debi.

Kati beginnt, es herrscht Totenstille, kein Laut, kein Atemzug sind zu hören, die Spannung ist auf ihrem Höhepunkt. Die Eisfee kann wieder lächeln, sie reiht die Schwierigkeiten problemlos aneinander. Die Maschine läuft auf Hochtouren. Ein letzter Sprung, Ende. Alles ist gut gegangen, nichts weiter. Kati ist wieder einmal fehlerlos gelaufen, ihre Nerven haben ihr keinen Streich gespielt. Alles okay.

Nun ist Debi an der Reihe: die Amerikanerin weiß, daß sie dieses Kurzprogramm gewinnen kann. Sie wirft sich mit all ihren Kräften in diese Schlacht.

Es ist ein pathetischer Augenblick, die 2 Minuten und 15 Sekunden sind von ungeheurer Dramatik. Debi hat alles gezeigt, sie war glänzend, aber die Punktrichter setzen sie trotzdem nur auf Platz zwei des Kurzprogramms. Alex McGowan faßt sich an die Nase – seine Mißbilligung ist ihm deutlich anzusehen. Katarina Witt lächelt hintergründig, sie hat die Vorführung ihrer Gegnerin genau verfolgt, sie stand deutlich sichtbar und fast drohend an der Bande...

Der Abstand zwischen beiden ist ganz gering. Die Kür, also Carmen, wird alles entscheiden. Die Spannung ist ungeheuer. Es wird das wichtigste Ereignis der Olympischen Spiele. Katarina Witt steht vor der größten Aufgabe ihrer Laufbahn. Für Debi ist es die Chance ihres Lebens, die einmalige Gelegenheit, einen olympischen Titel zu gewinnen. Ihre Kühnheit und ihre ausgefeilte Technik könnten entscheidend sein.

Kati-Carmen tritt auf, strahlend, verführerisch, 4 Minuten Zauber für eine letzte olympische Medaille!

Nach der mitreißenden Musik von Bizet wird Carmen vor Millionen von Fernsehzuschauern zur Wirklichkeit. Das ist Katarina Witt, die Eisfee aus Karl-Marx-Stadt, graziös bis in die Fingerspitzen.

Bewegende Momente, das ist wirklich Kunst auf dem Eis! Aber Katarina fehlt etwas Leichtigkeit, und technisch gesehen ist dies nicht ihr bestes Programm. Am Ende ihres Vortrags lächelt sie nur flüchtig, sie weiß, daß noch nichts entschieden ist. Der letzte Sieg ist noch nicht davongetragen. Sie erhält zwar hohe Noten, aber es bleibt noch Platz für Debi. Ein «traumhafter» Lauf könnte ihr den Sieg bringen.

Debi läuft als letzte in dem vor Aufregung brodelnden Saddledome. Sie hat 4 Minuten, um zu überzeugen; es sind die längsten 4 Minuten ihres Lebens.

Die schwarze Carmen, die sich von Michael Barychnikov Rat für die Choreographie geholt hat, ist ganz nah am großen Erfolg, aber der Druck, der auf ihren starken Schultern lastet, ist ungeheuer, beängstigend, wahnsinnig...

Und man fühlt sofort, daß die athletische Schülerin von McGowan keinen guten Abend hat: es gibt kleine Unsicherheiten, Carmen stolpert, sie stottert beim Aufsagen. Ein Patzer beim Aufkommen, die Träume vom Ruhm verfliegen, aus der Hoffnung auf das Paradies wird ein Abstieg in die Hölle. Wie grausam! Debi wird niemals Olympiasiegerin sein! Sie weiß, daß sie ihre Chance vergeben hat, ihrem Trainer flüstert sie nur zu: «Sorry, Sorry»!

Das ist das Ende des begeisterndsten Zweikampfs in der Geschichte des Eiskunstlaufs. Zwei vollkommen unterschiedliche Frauen haben die Welt in Atem gehalten. Debi hat verloren, Kati hat wieder einmal gewonnen... ihr bedeutendster Erfolg!

Budapest: Der Abschied

Die romantische Hauptstadt von Ungarn eignete sich gut für den Abschied von Katarina Witt. Die Geigen der Zigeuner und ihre wehmütigen Weisen paßten zur allgemeinen Melancholie des Abschieds. Es sollte das letzte Mal sein, denn Katarina Witt hatte endgültig beschlossen, ihre ruhmreiche Karriere zu beenden: mit 22 Jahren wollte sie abtreten!

Die Deutsche aus der DDR hatte bereits vorher diesen Wunsch geäußert. Aber wenn man in der DDR Erfolg hat, wenn die Welt einem zu Füßen liegt, tritt man nicht so leicht ab. Es ist eine Staatsaffaire im wahrsten Sinne des Wortes. Niemand war bereit, die Nachfolge anzutreten. Konstanze Gensell war nicht mehr da, und Simone Koch hat zu schwache Nerven, um mit allen Mitteln um den ersten Platz zu kämpfen. So schob also Katarina ihre Träume vom Abschied noch einmal beiseite und holte ihre Schlittschuhe wieder hervor. Man verlangte von ihr, die Farben ihres Landes gut zu vertreten und Medaillen zu gewinnen. Das hat sie getan, gut getan. Besser als sonst jemand.

Aber Budapest würde auf jeden Fall ihr letzter Wettkampf sein, ihre letzte Schlacht. Das Endergebnis als solches war gar nicht mehr so wichtig, es war das Ende einer Epoche. Aber auch eine Meisterin hat ihren Stolz, und Katarina ist nicht für Halbheiten. Wenn sie schon gekommen war, so wollte sie auch gewinnen. Noch einmal!

Sie wollte einen schönen Abgang, und dafür brauchte sie eine Goldmedaille, die zwölfte.

Noch einmal: Carmen gegen Carmen

Budapest sollte der Schauplatz sein für eine schöne Reprise des Stückes, man sollte noch einmal den Zweikampf erleben, der in Calgary so viel Emotionen hervorgerufen hatte. Das Drehbuch war fast gleich. Noch keine Entscheidung nach Pflicht und Kurzprogramm. Alles mußte sich in der Kür entscheiden. Geschichte ist eine ständige Wiederholung.

Die Revanche für Calgary ging zugunsten von Katarina Witt aus, die weiße Zigeunerin. Carmen, das war sie, ihr Sieg ließ keinen Zweifel. Sie fühlte sich frei und lief absolut perfekt. Sie war weniger aufgeregt als in Calgary und fand so zu ihrer gewohnten Sicherheit und Technik zurück. Zwei Stunden vor dem Wettbewerb sah man sie in den Gängen des Nepstadions, lächelnd und locker. Katarina erzählte von ihrer sportlichen Laufbahn, als wenn alles schon vorbei wäre. Dem Eislaufen hatte sie den ersten Teil ihres Lebens gewidmet, nun sollte es ihr eine letzte Freude machen, eine allerletzte Medaille bringen.

Man spürt die allgemeine Bewegung, als Kati auf der glatten, weißen Fläche erscheint. Jeder weiß, daß jetzt ein Kapitel zu Ende geht. Es folgen 4 Minuten Traum und Zauber, einige Pirouetten, ein Lächeln. Sie hat gewonnen. Auf Wiedersehen. Dankeschön.

Die Zuschauer haben lange, sehr lange applaudiert, sie wollten die noch einige Augenblicke zurückhalten, die ihnen in all den Jahren so viel Freude gebracht hatte.

Debi Thomas hat die Niederlage in Kanada nicht verkraftet, sie wird Dritte. Aber sie hat kurz vor Budapest geheiratet, ihre Zukunft und ihre Gedanken waren woanders, bei einem anderen Leben...

Später, auf dem Siegerpodest, mit der 12. Goldmedaille um den Hals, konnte Kati ihre Tränen kaum zurückhalten. Von dieser Weltmeisterschaft wird uns ein Bild immer in Erinnerung bleiben: 8000 Zuschauer erheben sich und klatschen minutenlang Beifall für die größte Eiskunstläuferin der Geschichte!

Dann brach das totale Chaos aus; Reporter, Photographen und Fernsehleute wollten diesen Augenblick, der sich nie mehr wiederholen würde, für die Ewigkeit festhalten.

Und da konnte auch Katarina nicht mehr an sich halten, sie brach in Tränen aus, sie war überglücklich, alles war so schön und auch ein bißchen traurig. Eine Meisterin hat sich von uns verabschiedet...

Ein Blick zurück

«Mein Kindergarten lag genau neben der Eisbahn. So hat alles angefangen.»

Was heißt das, alles?

Die Geschichte begann unter dem grauen, schon winterlichen Himmel in Staaken, in der Nähe von Berlin. Ganz genau am 3. Dezember 1965. Die Heldin der Geschichte ist ein hübsches Mädchen aus der DDR.

Wer hätte damals gedacht, daß aus der Nachbarschaft von Kinderspielplatz und Eisbahn ein Kleinmädchentraum entstehen würde, der Traum von der Eiskönigin? Ihre Mutter, Volkstänzerin, und ihr Vater, Direktor einer landwirtschaftlichen Produktionsgenossenschaft, hatten ganz bestimmt nicht daran gedacht. Als die Eltern sie jedoch schon mit 4 Jahren auf Schlittschuhe stellen, weil sie denken, daß es dem Kind Spaß machen werde und außerdem gesund sei, sind offensichtlich bereits die Würfel gefallen. Kati erinnert sich: «Ich wollte von Anfang an eine Eisfee werden.»

Damals war jedoch zweifellos ihre Mutter die gute Fee: sie geht mit dem 5-jährigen Kind zu Hans Weise, dem Leiter der Junioren des Stadtvereins.

Man wird auf ihre offensichtliche Begabung aufmerksam. Noch einige Runden auf der Eisbahn aus purer Freude, noch einige Kinderjahre, dann gehört sie schon zur Elitegruppe unter der Leitung von Jutta Müller. Als diese sie unter mehr als 2000 Eisläuferinnen aussucht, ist sie erst 9 Jahre alt. Aber man erregt nicht ungestraft die Aufmerksamkeit von Jutta Müller. Diese «Heldin der Arbeit» (eine ganz besondere Auszeichnung in der DDR) ist eine äußerst anspruchsvolle und sehr berühmte Trainerin; ihre Schüler haben schon viele Titel gewonnen.

Dies ist der erste Wendepunkt in ihrem Leben. Von nun an wird Katarina kein Kind mehr sein wie alle anderen.

Frau Müller übernimmt nach und nach die Kontrolle über das Leben dieses Mädchens, das ihr allerbestes Produkt werden wird.

Morgens Schule, nachmittags 5 bis 6 Stunden Arbeit auf dem Eis, dazu mehrmals pro Woche Gymnastik, Laufen und Ballettunterricht. Da bleibt wenig Zeit zum Spielen mit den Freundinnen.

Aber Katarina macht das nichts aus. «Von Anfang an, schon mit 5 Jahren, war meine einzige Leidenschaft das Eislaufen. Später, mit 11 Jahren, merkte ich, daß daraus etwas werden könnte... daß ich begabt war. Ich habe diese Begabung dann nur noch weiter ausgebaut.»

Disziplin kann man in jedem Alter lernen. Für Katarina ist sie kein Problem. In diesem kleinen Land, in dem sich viele kleine Mädchen für das Eislaufen begeistern und dann, durch das harte Training entmutigt, schnell wieder aufgeben, macht Katarina ihren Weg. Kein Opfer ist ihr zu groß; es gelingt ihr, Schule und Sport erfolgreich zu verbinden.

Sie betrachtet sich übrigens nicht als Ausnahme. Sie mußte niemals ihre Familie verlassen und in ein Trainingslager gehen; in der DDR gibt es das nicht. Aber sie geht auf die Sportschule in Karl-Marx-Stadt. Dort ist sie eine Schülerin wie alle anderen, sie ist fleißig und in allen Fächern gut. Ihre Mitschülerinnen sind ebenfalls hervorragende Sportlerinnen, z. B. Schwimmerinnen oder Turnerinnen. Wie Katarina wollen auch sie ihr Abitur machen. «Auch das ist sehr wichtig.»

Brave Kati! Ihre Eltern, bei denen sie weiterhin lebt, und ihre Trainerin können stolz auf sie sein, sehr stolz!

Ein Mädchen wie alle anderen?

Die Zeit vergeht schnell. Die Geschichte der Witt setzt sich aus mehreren Phasen zusammen.

Mit 14 Jahren tritt sie bei den Weltmeisterschaften 1980 in Dortmund auf, sie belegt einen ehrenvollen 10. Platz.

In manchen Blättern ist nur von ihren kurzen Haaren und ihrer jungenhaften Figur die Rede!

Aber vier Jahre später, bei den Olympischen Spielen in Sarajevo, als sie die Amerikanerin Rosalynn Sumners schlägt, da liest man in denselben Gazetten, daß dieser Sieg ungerecht gewesen sei, denn «sie hat nicht gewonnen, weil sie die Beste war, sondern die Schönste». Als wenn eine 5,9 in der Kür noch den geringsten Zweifel ließe.

Was ist passiert? Katarina befindet sich offensichtlich auf dem Weg nach oben. Sie hat unheimlich viel gearbeitet. Aber sie hat sich auch verändert. Ihre Haare sind länger, ihre Figur voller. Die kleine Göre aus Karl-Marx-Stadt ist ein bezauberndes, junges Mädchen geworden.

Sie ist 18 Jahre alt, ihr Körper ist durchtrainiert und wohl geformt, sie ist sehr hübsch, und mit dem Lächeln, das sie auf Anweisung ihrer Trainerin bei allen Gelegenheiten aufsetzt, verfolgt sie mit Elan ihre Karriere als Eisläuferin... und Verführerin!

Natürlich nur auf dem Eis, denn im Leben ist der Tagesablauf ganz genau vorgeschrieben, es bleibt kein Platz für Abende in der Disco, ganz zu schweigen von einem Freund. Das kommt alles später. Jutta Müller paßt auf. Man erzählt sich, daß Jutta Müller auch nicht davor zurückschreckt, ihren Schützling zu ohrfeigen oder einzusperren, wenn sie unzufrieden war. Sie paßt sehr genau auf, und sie überwacht auch die Ernährung. Kuchen, Schokolade und Eis sind verboten, alles Sachen, die Kati gerne mag. Das Idealgewicht von 52 Kilo bei einer Größe von 1,65 m darf nicht überschritten werden.

Eine liebenswerte, aber für Katarina auch gefährliche Schwäche ist ihre Vorliebe für Süßigkeiten. Also keine einfache Aufgabe für diejenigen, die auf Katarina aufpassen sollen, wenn Frau Müller nicht da ist. Reinhard Mirmseker, Punktrichter aus der DDR, erinnert sich:

«Ich hatte das Vergnügen, unsere Meisterin sechs Jahre lang begleiten zu dürfen, und um sie nicht in Versuchung zu bringen, habe ich immer darauf verzichtet, Eis zum Nachtisch zu bestellen, obwohl ich es auch gern esse! Jutta Müller fand das gut so, aber Katarina weniger...» Doch manchmal waren die Umstände stärker. «1982 in Japan gingen wir zusammen durch Tokio. Am Ausgang einer U-Bahnstation stößt Katarina auf einen Eisstand... da gibt's kein Halten mehr! Zwei Jahre später sind wir wieder gemeinsam bei den Weltmeisterschaften in der japanischen Hauptstadt. Aber dieses Mal liegt das Hotel in einem ganz anderen Viertel, am anderen Ende der Stadt. Wie wir so ganz ziellos herumspazieren, führt uns der Zufall wieder zu demselben Eisstand an genau demselben Platz!»

Natürlich haben sie dies trotz aller Vorschriften von Frau Müller mit einem Eis gefeiert!

Aber zurück zum normalen Tagesablauf von Katarina.

Was gibt es für sie sonst noch in Karl-Marx-Stadt, wo ihr Leben ganz auf Eislaufen ausgerichtet ist? Für die Freude, jeden Tag der Perfektion etwas näher zu sein, muß streng und hart gearbeitet werden. Ansonsten gibt es als Freizeitvergnügen... Sport. «Ich spiele Tennis und gehe auch öfters schwimmen...»

Normalerweise würden die anhaltenden Erfolge und die wachsende Popularität einem Mädchen von 18 Jahren den Kopf verdrehen, nicht aber Katarina.

Reinhard Mirmseker schildert sie als natürlich und spontan. «Im Grunde ihres Herzens ist Katarina ganz einfach, wie die meisten jungen Mädchen ihres Alters. Vielleicht ist sie fröhlicher und lacht mehr. Aber sie ist populär, bekannt und beliebt, deshalb ist sie eben nicht wie alle anderen. Ich wundere mich, wie bescheiden sie bleibt. Bei uns kann sie keinen Schritt tun, ohne daß sie angehalten wird, daß man ihr gratuliert, Fragen stellt, sie um Autogramme bittet. Katarina unterwirft sich mit Leichtigkeit diesen Pflichten der Berühmten.»

Eine schwierige Saison

Man verlangt in jeder Hinsicht viel von ihr. Sicher mehr, als ein junges Mädchen «wie alle anderen» leisten kann.

Trotz ihres Willens und ihrer eisernen Disziplin und der Tatsache, daß ihr Traum Wirklichkeit zu werden schien, ließ Katarina plötzlich nach. Sie war erschöpft, hatte es irgendwie satt. Sie werden sich sicher daran erinnern, das war 1986.

Ihr Hang zu Süßigkeiten, zweifellos ihre größte Schwäche, und die Abende mit Freunden sind plötzlich wichtiger als das Training einer Elitesportlerin. Man sieht sie in ihrem Lada durch Berlin fahren, Discomusik tönt laut aus dem Wagen. Zu Hause feiert sie mit ihren Freundinnen wahre Kuchenschlachten.

Katarina amüsiert sich... und gerät aus der Bahn.

Ergebnis: die Kilos nehmen zu, die Motivation ab.

Die Weltmeisterschaften in Genf lassen sich schlecht an. Sie sollte beweisen, daß sie auf ihrem Gebiet die Königin ist. Aber statt dessen verliert sie ihre Krone.

Aber nicht für lange.

Jutta Müller paßt wieder auf. Sie weiß, wie sie ihren Schützling behandeln muß, sie gibt Katarina neues Selbstvertrauen und führt sie auf den Weg des Erfolgs zurück. Dafür geht sie sogar von ihrem üblichen Stil ab und gewährt etwas mehr Freiheit. «Ab diesem Zeitpunkt», erinnert sich Katarina, «konnte ich endlich selbst meine Kostüme aussuchen, meine Meinung sagen, an der Choreographie mitarbeiten. Nach und nach machte das Eislaufen mir wieder Spaß.»

Alles ist wieder da, und noch stärker als früher, ihr Lächeln, ihre Selbstsicherheit und ihr «Killerinstinkt».

Die beiden Seiten einer Medaille

Und so wurde Katarina innerhalb von zwei Jahren zum Star, auf dem Eis und im Leben.

Dafür mußte sie aber erst einmal erkannt haben, daß man in unserer Welt nichts geschenkt bekommt...

Sie ist schön und wird wie ein Star vergöttert. Sie erhält von Bewunderern aus der ganzen Welt Tausende von Briefen, die verrücktesten Angebote. Dazu kommen noch sehr konkrete Vergünstigungen für sie und ihre nächste Umgebung.

Die junge Deutsche aus der DDR ist schon mehrmals um die Welt gereist, während neun von zehn ihrer Landsleute niemals die Grenze ihres Landes überschreiten werden. Sicher, das gehört zu ihrer Karriere. Aber mit kaum zwanzig Jahren hatte sie schon ihr eigenes kleines Auto, Schmuck und schicke Kleider, die sie von ihren Reisen mitbrachte.

Für sich ganz allein bekam sie eine Zwei-Zimmer-Wohnung mitten in der Stadt, in der Gegend der Nicolai-Kirche. Und das höchste Privileg ist, daß ihr Name nicht mehr im Telephonbuch zu stehen braucht... zum Schutze ihres Privatlebens!

Man muß schon ein Star sein, um in Karl-Marx-Stadt, in der DDR, Ende der 80er Jahre so viele Privilegien zu haben. Aber sie ist nicht die einzige, die davon profitiert.

Ihr Freund Ingo und seine Band durften, welche Ehre, auf Staatskosten eine Platte aufnehmen. Zwei Jahre zuvor mußten sie noch heimlich spielen!

Natürlich kamen auch ihre Eltern und ihr Bruder Axel in den Genuß von gewissen Privilegien. Ihr selbst versprach man eine eigene Fernsehshow mit Musik und Tanz, die erste dieser Art überhaupt östlich des Eisernen Vorhangs.

Das ist die eine Seite von Kati: sie ist die umwerfend charmante Botschafterin der DDR, Diva und Star.

Sie ist an den Ruhm gewöhnt, lächelt immer und überall, gibt Autogramme. Sie bekennt strahlend, daß sie bei ihrer Abschiedsvorstellung in Budapest das Parfum «Armani» benutzt hat, ist verrückt nach den neuesten Klamotten und bewirtet ihre Freunde am liebsten mit amerikanischen Cocktails. Sie bekam jeden Tag eine rote Rose von Michael Jackson, und Alberto Tomba wollte ihr eine seiner Goldmedaillen für den Fall abgeben, daß sie selbst keine in Calgary gewinnen würde!

Sie ist fast zum Mythos geworden, eine der meistbeachteten Frauen ihrer Zeit. Ob man sie nach ihrer Lieblingsrose oder ihrer Lieblingsorchidee fragt, sie hat immer eine passende Antwort.

Aber dann ist da die andere Seite von Kati. Sie ist Mitglied der kommunistischen Partei der DDR, begeistert sich für Sade und Madonna, bewundert die Leistungen von Boris Becker auf dem Rasen von Wimbledon. Wenn diese Kati gerade einmal nicht auf Reisen ist, putzt sie das Treppenhaus wie andere Mieter auch. Sie kocht gerne, geht mit ihrem Freund Ingo aus und macht sich lustig über die Heiratsanträge, die ihr ins Haus flattern.

Sie ist zwar ein junges Mädchen wie viele andere, hat aber auch schon viele Erinnerungen und eine Menge Pläne, und vielleicht ist sie auch ein bißchen abergläubisch. Reinhard Mirmseker, Punktrichter aus der DDR, der sie viele Jahre begleitet hat, erinnert sich, daß sie bei allen Wettbewerben und Meisterschaften immer ein Maskottchen oder einen Talismann bei sich hatte.

«Von all diesen Glücksbringern hat mich ein kleiner Engel am meisten amüsiert. Wozu dieser Himmelsbote? Keine Ahnung? Vielleicht sollte er den Schutzengel darstellen. Aber uns hat er nur Schwierigkeiten gemacht. Normalerweise nahm ihn die Masseuse mit; er war 5 cm hoch und hatte große Flügel. Aber diese Flügel brachen leicht ab, und sie mußten sofort und unter allen Umständen wieder angeklebt werden! Katarina nahm zur Pflicht drei Glücksbringer mit, für jede Figur einen! Ihr Verhalten und ihre Reaktionen waren oft rührend.»

Das sind die zwei Seiten von Kati. Ein prickelnder Cocktail. Ein schönes, junges Mädchen von heute, das die Zukunft noch vor sich, seinen Namen aber bereits mit goldenen Buchstaben in das Buch der Eislaufgeschichte eingetragen hat.

Der Killerinstinkt

Als sie in Zagreb 1979 bei den Europameisterschaften zum ersten Mal in der internationalen Arena erscheint, ist das noch keine Sensation. Kaum jemand bemerkt dieses zarte, junge Mädchen. Sie ist noch schüchtern, sehr beeindruckt und etwas unbeholfen. Auch ihre Noten sind nicht sonderlich. Sie wird Vierzehnte. Mit 14 Jahren ist das nicht schlecht, aber der große Erfolg ist noch in weiter Ferne. Einige besonders aufmerksame Beobachter fühlen jedoch, daß dieses Mädchen aus der DDR keine normale Eisläuferin ist. Sie hat bereits etwas, das sie von den anderen unterscheidet, man kann es nicht genau definieren. Neun Jahre später, als sie ihren Abschied nimmt, ist Katarina Witt zur Legende geworden, die beste Eisläuferin ihrer Zeit, der Geschichte überhaupt.

Neben Talent, Selbstdisziplin und Hingabe besitzt sie den berühmten «Killerinstinkt», den «Instinkt zum Töten», den wahnsinnigen Willen zum Sieg, der oft den Ausschlag gibt.

Dieser Begriff aus dem Amerikanischen entstand vor ungefähr 20 Jahren, als Definition für einen linkischen und rothaarigen Tennisspieler, der nie beim Matchball zitterte: Rod Laver. Wie viele andere auf dem Tennisplatz hatte er nur eine Leidenschaft: Gewinnen, immer nur gewinnen!

Athleten mit diesem «Killerinstinkt» sind in gewisser Weise unbesiegbar, denn nichts kann sie von ihrem Vorhaben abbringen. Zu irgendeinem Zeitpunkt haben sie sich entschieden, ihr Leben einem einzigen Ziel zu widmen, nämlich auf einem bestimmten Gebiet immer die Besten zu sein.

Jean-Claude Killy ist der Ansicht, daß alle Arten von Hochleistungssport schwierig sind. «Aber wenn ich nur eine einzige Sportart nennen dürfte, so wäre das der Eiskunstlauf, denn man braucht viele Jahre der Vorbereitung und muß dann in wenigen Minuten alles zeigen, was man kann, um Erster zu werden. Das ist unheimlich belastend.»

Der Wettbewerb gliedert sich zwar in drei Teile, nämlich Pflicht, Kurzprogramm und Kür, aber trotzdem ist kein Fehler erlaubt. Das geringste Zögern bedeutet schon die Niederlage. Eine schlecht angelegte Kombination im Kurzprogramm, und schon fehlen $7/10$ Punkte zum Sieg. Die Richter sind immer da, drohend wie ein Damoklesschwert über den Köpfen der oft nicht sehr nervenstarken Sportler. Mehr als jeder andere Sport verlangt der Eiskunstlauf unerschütterliches Selbstvertrauen. Sieger auf dem Eis wird man schon vorher, im Kopf, ehe man überhaupt einen Fuß auf das Eis gesetzt hat. Brian Orser ist ein Künstler im wahrsten Sinne des Wortes und ein «beautiful looser», ein wunderbarer Verlierer. Er kann auf dem Eis wahre Wunder voll bringen, aber beim Wettkampf gibt es dann oft ein Desaster, weil seine geistige Einstellung nicht seinen körperlichen Fähigkeiten entspricht. Für die Olympischen Spiele in Calgary hatte er sich vorbereitet wie kaum ein anderer Sportler zuvor. Er hatte sogar den Wettbewerb simuliert, mit Tausenden von Statisten, den Preisrichtern und sogar mit dem Sprecher aus dem Saddledome, um sich an dessen Stimme zu gewöhnen!

Aber im Wettkampf selbst ist dann alles anders, der Augenblick ist einzigartig. Brian Orser kommt nach einem dreifachen Sprung schlecht auf und hat verloren. Alles. Viele Jahre der Arbeit, ein Lebensziel, einen Traum. Es ist grausam.

So etwas kann Katarina Witt nicht passieren, den Begriff Zweifel kennt sie nicht. Sie läuft, um besser zu sein. Das ist ihr Ehrgeiz. In gewissem Sinn ist Katarina ein programmierter Siegesautomat. Die schöne und sinnliche «Eisfee» kann einem manchmal auch Angst machen. In Prag zeigte sie nach ihrem sechsten Europameisterschaftsgewinn nicht die geringste Freude. Es ließ sie völlig kalt, daß sie den unglaublichen Rekord von Sonja Henie überboten hatte.

In dem Bus, der sie ins Hotel zurückbrachte, hatte ihr Ausdruck fast etwas Unmenschliches. Ihr Blick war jedoch bereits auf die nächste, in ihren Augen viel wichtigere Etappe gerichtet, auf Calgary!

Gewöhnlichen Sterblichen mag ein Ausnahmesportler wie ein «Monster» erscheinen. Er lebt in seiner eigenen Welt, für andere gibt es keinen Zugang. Aber deshalb braucht Katarina auch Jutta Müller, Trainerin, Vertraute, Mutter. Ohne sie wäre dieser Erfolg nicht möglich gewesen.

Wenn sie das Eis betritt, ist Katarina absolut sicher, man spürt, daß ihr nichts passieren kann. Einmal jedoch war ein Sandkorn in dem perfekten Getriebe. Das war in Genf.

Nur ein einziges Mal läuft Kati ein schlechtes Kurzprogramm. Sie verliert. Debi Thomas gewinnt. Ein Ausrutscher.

Wenn man gewinnen will, muß man auch verlieren können. Kati schluckt ihre Enttäuschung hinunter und erklärt sofort, daß sie nicht aus dem Wettbewerb aussteigen wird. Ihre moralische Kraft ist ungebrochen, im Jahr darauf wird sie in Cincinnati, im Land ihrer Rivalin, Weltmeisterin. Katarina hat die Dinge schnell wieder ins Lot gebracht; sie ist die Stärkere, sie setzt die Maßstäbe.

Die Show

Eiskunstlauf ist vielleicht die härteste Sportart, die es gibt, aber eigentlich ist es gar kein richtiger Sport!

Dieser scheinbare Widerspruch ist leicht zu erklären. Das Eiskunstlaufen ist mit einer Show verbunden, zu der alle Zugang haben. Eislaufen mag jeder, oder fast jeder. Es ist fröhlich, bunt, die Mädchen sind hübsch, und jeder kann bei sich zu Hause vor dem Fernseher selbst Punktrichter spielen, vergleichen und seine eigenen Noten verteilen. Um diesen Sport zu lieben, muß man nicht über spezielle Kenntnisse verfügen. Es ist überhaupt nicht wichtig, ob man einen Salchow vom Rittberger unterscheiden kann.

Das Fernsehen hat Tennis populär gemacht, aber auch das Eiskunstlaufen. Jedes Jahr zweimal trifft man sich für fast eine Woche mit den Eislaufstars. Millionen von Fernsehzuschauern zittern mit Boitano, Orser, Bestemianowa/Bukin, Gordejewa/Grinkow und anderen. Hohe Einschaltquoten, ein fest etabliertes Ritual. Durch diese zwei, in Jahren mit Olympischen Spielen sogar drei regelmäßigen Treffen auf der Mattscheibe ist Katarina Witt eine der berühmtesten Personen der Welt geworden. Selbst wenn man sich normalerweise nicht für Sport interessiert, kennt man ihren Namen und ihr Gesicht. Es besteht auch nicht die Gefahr der Wiederholung, denn in jeder Saison führen die Eiskunstläufer ein vollkommen neues Programm vor. Eiskunstlaufen ist auch nicht gewalttätig, kein Haß, keine Aggressionen, es ist vor allen Dingen ein Kampf gegen sich selbst. Man sieht nur schöne Bilder, keine vor Schmerz verzerrten Gesichter. Nein, nur strahlendes Lächeln; Freude zu machen ist das oberste Gebot.

Diese Athleten sind Sportler und Künstler zugleich. Man geht zu einem Eislaufwettbewerb wie zu einer Show.

Um in dieser Sportart Erfolg zu haben, muß man in hohem Maße Künstler sein. Das Training ist dafür ein gutes Beispiel.

Katarina Witt verbringt nicht nur unvorstellbar viele Stunden auf dem Eis, sondern auch ebenso viele im Tanzsaal. Die Beratung durch ihren Ballettmeister ist sehr wichtig. Kostüm, Choreographie, Musik können ausschlaggebend sein. Jedes Mal wollte Kati durch diese Auswahl etwas Bestimmtes ausdrücken. Es ist kein Zufall, daß sie die erste Eiskunstläuferin sein wollte, die eine Geschichte auf dem Eis erzählt. Bei der Zusammenstellung ihres Kürprogramms reiht sie nicht nur dreifache Sprünge aneinander. «Körperlicher Ausdruck und technische Schwierigkeiten müssen sich ergänzen. Zu viele Sprünge schaden der Harmonie des Vortrags. Auch wenn der Trend zu den vierfachen Sprüngen geht, ich glaube nicht, daß die Mädchen sie in naher Zukunft springen werden. Eislaufen muß vor allen Dingen Eiskunstlaufen bleiben.»

Sie läuft nach Musik von Bizet, Mozart, Miller und Gershwin. In ihren Vorträgen ist nichts zufällig, sie erzählt eine Geschichte auf dem Eis mit Anfang, Mittelteil und Ende. Es gibt Gefühle, Emotionen, Schönheit. Das Publikum ist hingerissen, die Punktrichter auch.

Sie hat den Eiskunstlauf erneuert; dank ihrer perfekten Technik kann sie sich auf den Ausdruck konzentrieren. Die Sprünge werden zum schmückenden Beiwerk und erhöhen die Qualität.

Benjamin Wright, wichtiges Mitglied der I.S.U., gibt 1986 die in diesen Kreisen übliche Zurückhaltung auf und erklärt, Katarina Witt habe den Eiskunstlauf der Damen vor der Banalität und der Langeweile gerettet! Als sie zum ersten Mal bei Wettkämpfen erscheint, ist ein artistischer Stil in Mode; die Mädchen imitieren nur die Männer und zählen nur die Anzahl ihrer Sprünge. Grazie und Weiblichkeit zählen überhaupt nicht. Mit Katarina hat sich das alles geändert. Sie wird zum Vorbild, man versucht, sie nachzuahmen. Die gesamte Show gewinnt dabei, das Publikum ist glücklich, die Zuschauerzahlen steigen.

Durch sie hat sich der Eiskunstlauf zur Show entwickelt. Die Meister von morgen müssen eine gewisse Kühnheit besitzen und bereit sein, die Grenzen des Üblichen zu überwinden. Die Punktrichter, von vielen für starrsinnige «Ewiggestrige» gehalten, werden diese Entwicklung nicht mehr lange aufhalten können. Eines Tages werden auch die «Tänzer des Jahres 2000», Isabelle und Paul Duchesney, ihre Krone erhalten!

Es werden Schönheit, Originalität und Talent erforderlich sein, um Medaillen zu gewinnen.

Was eigentlich nicht zur Show des Eiskunstlaufens paßt, ist die Pflicht. Diese merkwürdige Prozedur findet immer auf einer düsteren Eisbahn statt, wo wirklich keine Freude aufkommen kann. Es herrscht Grabesstille. Die Eiskunstläuferinnen laufen ihre Bögen, ihre enganliegenden Trikots sind wenig vorteilhaft. Dieser Wettbewerb findet sozusagen hinter verschlossenen Türen statt, denn niemand, außer ein paar Eislaufverrückten, interessiert sich für diese Figuren. Das ist die Anti-Show.

Die Punktrichter bewegen sich geisterhaft mit kleinen Schritten, um die auf das Eis gezeichneten Bögen zu vergleichen. Sie haben Meßstäbe zum Überprüfen der Achsen, und auf ihren Bäuchen hängen kleine Köfferchen, aus denen sie wie Marionetten die Karten mit den Noten ziehen.

Ein düsteres und groteskes Schauspiel. Diese verborgene Seite des Eiskunstlaufs ist so umstritten, daß sie sicher irgendwann einmal verschwinden wird.

Die Entwicklung geht in eine ganz andere Richtung. Man will Show, Show und nochmals Show!

Sexy Kati

Katarina ist schön, von einer Schönheit, die den Männern den Kopf verdreht.

Sie sieht aus wie ein Filmstar, ein Top-Modell.

Ein ausdrucksvolles Gesicht, blaue Augen, so blau, daß man darin ertrinken möchte. Ein üppiger Mund. Lange, gut geformte Beine. Katarina weckt heimliche Träume. Sie weiß das und hat auch nie darauf verzichtet, diesen Trumpf auszuspielen!

«Es macht mir Spaß, anderen zu gefallen und sie zu verführen.» Das hat sie oft genug erklärt. Ihre Äußerungen in Calgary haben einige Puristen schockiert. Man fragt sich warum, denn ein junges Mädchen von 22 Jahren hat lediglich gesagt: «Ich glaube, daß alle Männer lieber eine gut gewachsene Frau ansehen als einen Gummiball. Der Eiskunstlauf ist ein Sport, bei dem die Sprünge sicherlich wichtig sind, aber künstlerischer Ausdruck und Schönheit zählen ebenfalls viel. Wenn ich ein schönes Kostüm trage, fühle ich mich besser. Warum soll ich also diese Vorteile nicht unterstreichen?» Eben, warum eigentlich nicht? Eine Mannequinfigur braucht man wirklich nicht zu verstecken.

Verführung, Augenaufschlag und betörendes Lächeln gehören zum Repertoire von Katarina. Sie bringt das Publikum und das Eis zum Schmelzen, und auch die Preisrichter können sich ihrem Charme nicht entziehen. Es heißt, daß einige von ihnen, und nicht unbedingt die Jüngsten, mehr auf den hübschen Körper der Eiskunstläuferin geachtet hätten als auf ihre Technik... Das ist jedenfalls die Ansicht des kanadischen Trainers Peter Dunnfield, der in Calgary um dieses Thema eine regelrechte Polemik entfacht hat. Ist sie zu weit gegangen? Kann man einer Eiskunstläuferin vorwerfen, daß sie bezaubernd ist? Soll sie etwa in einem Kartoffelsack auftreten, um ihre körperlichen Vorzüge zu verbergen?

Das ist alles absurd, die Urteile beim Eiskunstlauf werden immer subjektiv sein. Und das ewige Spiel der Verführung gehört dazu.

Sicherlich hat Katarina nicht mit ihren Reizen gegeizt. Beim Wettbewerb um die «Trophée Lalique» in Paris kommt es zu einem «Skandal». Tausende von Zuschauern im Sportpalast von Bercy trauen ihren Augen nicht. Katarina erscheint im supersexy Dress auf dem Eis: schwarzer Lederblouson, Netzstrümpfe und ein so knappes Oberteil, daß plötzlich eine Brust der Diva zu sehen ist... Das Photo von diesem Augenblick ging um die Welt, zur großen Freude von Katis Fans. In dieser provozierenden Aufmachung tanzt sie zu einem auch nicht gerade unschuldigen Song: «Bad» von Michael Jackson.

Ein Mädchen aus der DDR parodiert das Idol des kapitalistischen Amerika, oder anders gesagt, zwei Welten treffen aufeinander. Glasnost auch auf dem Eis.

Mit ihrem Talent, ihre Schönheit und ihrem Sex-Appeal wurde Katarina zum Star, wie eine Filmschauspielerin oder eine Sängerin. Mit Hilfe des Mediums Fernsehen hat sie Zehntausende von Fernsehzuschauern verführt.

Nach jeder Meisterschaft erhält sie bergeweise Post, Glückwunsch-, Bewunderungs- und natürlich auch Liebesbriefe. Die Heiratsanträge häufen sich. Kati amüsiert sich darüber: Sex-Appeal verpflichtet...

Aber 1988 kennt die Presse nur noch dieses eine Thema. Ist Kati sexy, zu sexy? Man nennt sie Kokotte, Animierdame. Auf einmal werden ihre Fähigkeiten in Frage gestellt. Die Gespräche kreisen nur noch um diesen einen Punkt.

Katarina ist das gleich. Ihre Kür ist nichts anderes als die Geschichte einer beispiellosen Verführerin, Carmen. Sie läuft, verführt... und gewinnt.

Das Programm muß leicht hingeworfen, mitreißend wirken. Man muß beim Publikum ankommen. Ein Künstler muß lächeln, selbst wenn er am Rande der Erschöpfung ist. Jutta Müller, die Trainerin, kennt alle Tricks. Das Lächeln kann die Entscheidung bringen. Und auch auf diesem Gebiet ist ihre Schülerin außerordentlich begabt.

Katarina flirtet gern und mit jedermann, der Presse, den Preisrichtern, dem Publikum. Sie flirtet zurückhaltend, nicht aufdringlich. Mehr ist bei ihr auch gar nicht nötig, denn sobald sie erscheint, beginnt ihr Charme zu wirken. Die Anwesenden halten plötzlich in ihrer Tätigkeit inne und sehen sie an. Sie verfügt über das Charisma und die Aura der wirklich großen Meister.

Sie hat Berühmtheit und Ruhm sehr früh kennengelernt, und so beherrscht sie die Rolle einer Person des öffentlichen Interesses aus dem Effeff. Niemals sieht man sie ärgerlich oder schlecht gelaunt. Viele Sportler verachten die Medien oder flüchten vor ihnen. Kati nicht!

Sie weiß genau: heutzutage gehört der Meister den Medien, und das Bild, das er abgibt, ist sehr wichtig. Bei ihren vielen, vielen Interviews hat sie jedem die gleiche Aufmerksamkeit geschenkt. Auf eine bereits hundertmal gestellte Frage antworten, als wäre es das erste Mal, auch das macht einen Profi aus.

Katarina, die beste Eiskunstläuferin der Welt, liebenswürdig, intelligent und gegebenenfalls auch verzaubernd, beherrscht wie kaum eine andere die Kunst der Verführung.

Kaum eine andere Sportlerin war je so populär, so beliebt.

Die Gegnerinnen

Sie hat so viele Siege davongetragen, es wurde so viel von ihr, immer nur von ihr gesprochen, daß man fast vergißt, daß sie auch Gegnerinnen hatte. Niemand hat ihr etwas geschenkt, auch Kati mußte kämpfen.

Ihre Aufgabe war nicht immer leicht. Viele Rivalinnen mußte sie fürchten, viele waren genauso entschlossen wie sie. Es gab nicht immer nur Licht, sondern auch Schatten. Auch sie mußte sich manchmal beugen, der Wille, es gut zu machen, reichte nicht immer aus. Sie verdankt es ihrer Zähigkeit, ihrem Mut und ihrer Kunst, daß sie so viele Wettkämpfe gewonnen hat. Katarina ist eine Virtuosin im Großen wie im Kleinen.

Ihre Konkurrentinnen hat sie jedoch niemals zu Statisten degradiert. Sie gewann, weil sie ganz einfach die Beste war: artistisch, hartnäckig und bezaubernd.

Niemals zuvor ist ein einziger Name so oft im Zusammenhang mit dem Eiskunstlauf erwähnt worden. Ihre Zusagen zu Auftritten sind heute Gold wert.

In der Karriere von Katarina gibt es kein Auf und Ab, ihre Stärken sind Gleichmäßigkeit und Verbissenheit.

1981 hat sie noch nicht die höchste Stufe ihres Könnens erreicht. Auch wenn sie Denise Biellman und Elaine Zayak in Hartford im Kurzprogramm schlägt, kann sie der Schweizerin den Gesamtsieg noch nicht streitig machen, weder bei den Europa- noch bei den Weltmeisterschaften.

In der folgenden Saison, 1982, wird sie von der Amerikanerin Elaine Zayak daran gehindert, bei der Weltmeisterschaft auf die höchste Stufe des Siegerpodestes zu steigen.

1984 in Sarajevo weist eine andere Amerikanerin, Rosalynn Sumners, sie noch einmal in die Schranken.

Aber Katarina gibt nicht auf, niemals. Sie nimmt jede Herausforderung an. Die größte: die Amerikanerin Debi Thomas vom Thron zu stürzen, 1986 in Cincinnati, im Lande der Rivalin. Eine Herausforderung, die sie glanzvoll gewonnen hat!

Die «schwarze Perle» war zweifellos ihre größte Rivalin. Aber Debi Thomas mußte sich 1988 sowohl bei den Olympischen Spielen in Calgary als auch bei den Weltmeisterschaften in Budapest mit der Bronzemedaille begnügen. Der Zweikampf zwischen Katarina und Debi bei diesen beiden Wettbewerben hat jedesmal die Medien mobilisiert und die Massen begeistert. Der Ausgang war ungewiß, das machte die Spannung aus. Für eine Sportart, in der es nur selten Palastrevolutionen gibt, konnte dies nur gut sein.

Eine andere Eisläuferin hat Katarina mehrmals geschlagen, und zwar Kira Iwanowa, die zarte Sowjetrussin. Aber immer nur in der Pflicht...

Aber im Laufe ihres fulminanten Aufstiegs mußten sich nach und nach alle beugen, Elaine, Rosalynn, Debi und Kira. Es gab niemanden mehr, der sich Katarina, der Königin des Eises, noch entgegenstellen konnte.

Zwei Verbündete

Europameisterschaften Prag, Dienstag, 12. Januar 1988. In der kahlen Eisbahn neben der Sport Ovni Hala, wo die Pflicht zu absolvieren ist, hat Katarina Witt gerade ihre zweite Figur beendet.

Die zarte Gestalt von Jutta Müller wartet am Rand der Bahn. Gleich werden die Preisrichter die Noten aus ihren kleinen Kästen ziehen.

Ein Blick, schnell wird im Kopf nachgerechnet, ein Lächeln, und Jutta Müller, Vertraute und Mutter, begleitet Katarina zum Umkleideraum. Jetzt heißt es warten, mehrere Stunden lang warten, bis die Meisterin aus der DDR wieder aufs Eis gerufen wird und ihre dritte und letzte Figur laufen muß. Man darf jetzt nicht nachlassen, muß Haltung bewahren. Auch das kann entscheidend sein.

Jutta Müller ist zufrieden: «Es macht mir immer noch großen Spaß, mit Katarina zu arbeiten. Sie ist eine Kämpferin, die niemals aufgibt. Sie arbeitet ernsthaft, man kann mit ihr rechnen.» In der Tschechoslowakei wird Katarina Witt zum sechsten Mal Europameisterin. Man kann wirklich mit ihr rechnen!

Ein gemeinsamer Weg von 14 Jahren liegt hinter ihnen. Seit jenem Tag im Januar 1974, als Jutta Müller dieses hübsche Mädchen von 9 Jahren entdeckte und beschloß, es unter ihre Fittiche zu nehmen; das Kind hat den Vornamen einer Kaiserin: Katarina. Sie hat in ihr die Fähigkeiten einer Meisterin ausgemacht. Jutta macht aus ihr eine Eisfee, einen Star, den größten und schönsten. Sie erzielen gemeinsam die größten Erfolge, die man sich denken kann.

Nur Sonja Henie war noch besser, sie wurde dreimal Olympiasiegerin. Aber die Zeiten haben sich geändert, man kann das nicht mehr miteinander vergleichen. Auf jeden Fall haben alle beide – alle drei! – gezeigt, was den Eiskunstlauf wirklich ausmacht, nämlich Schönheit, Charme, Grazie und Gefühl. Sie haben Millionen von Zuschauern damit verführt.

«Alles muß perfekt sein. Aber Perfektion bedeutet Disziplin.» So Jutta Müller. Und Frau Müller weiß wahrlich alles, was den Eiskunstlauf betrifft. Wer wollte auch daran zweifeln angesichts der 54 internationalen Medaillen, die ihre Schützlinge gewonnen haben: 3 Goldmedaillen und 2 Silbermedaillen bei Olympischen Spielen, 17 Goldmedaillen, 5 Silbermedaillen und 5 Bronzemedaillen bei Europameisterschaften; 9 Goldmedaillen, 9 Silbermedaillen und 4 Bronzemedaillen bei Weltmeisterschaften. Dieser Rekord muß erst einmal überboten werden.

Er ist das Ergebnis ständiger Bemühungen, Überlegungen und Verbesserungen. Jeden Tag immer wieder üben, üben..., von neuem alles in Frage stellen und Opfer bringen, sie selbst und ihre Schüler. Sie vergißt nichts, vernachlässigt kein Detail, kümmert sich um alles: die Technik, die Choreographie, die Musik, die Kostüme, die Frisuren. Jutta Müller ist fürchterlich anspruchsvoll.

Aber als Belohnung gibt es dafür den – oder die – Titel. Der Preis ist hoch. Rabatt wird nicht gegeben, Konzessionen oder Kompromisse kommen nicht in Frage. Bei Jutta Müller gibt es niemals etwas zum Sonderpreis. Nur die allerbeste Qualität zählt. Dafür muß man zahlen, und zwar Cash. Mit Stunden und Stunden der Vorbereitung und des Trainings, mit Stürzen, die weh tun, mit Schweiß und physischer und psychischer Erschöpfung. Tag für Tag.

Sie ist die Tochter eines Ringers und einer Turnerin. Wille und Disziplin sind für sie die Grundlagen des Erfolgs. «Ich wirke keine Wunder, ich habe kein Allheilmittel und auch keinen Zaubertrank. Mein Geheimnis? Arbeit und nochmals Arbeit. Ganz gleich welche natürlichen Begabungen oder Anlagen meine Schüler haben, ich verlange von ihnen vor allem Konzentration, Gewissenhaftigkeit und Fleiß», das versichert uns Jutta Müller bei den Europameisterschaften. Man glaubt ihr es gern.

1949 war sie DDR-Meisterin der Damen. Das ist der einzige Titel, den sie als Eiskunstläuferin gewonnen hat. Seitdem widmet sich Jutta Müller ihrer Aufgabe als Eislauflehrerin, eine Aufgabe, der sie ihre gesamte Zeit opfert.

Ihre erste Schülerin ist Gaby Seyfert, ihre Tochter; sie führt sie zum Gipfel: Europameisterin 1967, 1969 und 1970, Weltmeisterin 1969 und 1970 und Silbermedaille bei den Olympischen Spielen in Grenoble 1968, hinter der phantastischen Amerikanerin Peggy Fleming. Was für ein Einstieg! Aber das ist erst der Anfang!

Nachdem sich ihre Tochter Gaby vom Wettkampf zurückgezogen hat, kommen einige magere Jahre für Jutta Müller. Schwierige Jahre. Bis sie dann eine neue Entdeckung macht, Jan Hoffmann. Ihn wird sie 1974 bei den Europa- und Weltmeisterschaften auch auf die oberste Stufe des Siegertreppchens bringen.

Dann verletzt sich Jan Hoffmann am Knie; die Verletzung ist ernst und muß operiert werden. Die Genesung dauert lange, und niemand glaubt, daß dieser sympathische Eiskunstläufer jemals wieder an einem Wettbewerb teilnehmen wird. Niemand, außer Jutta Müller. Es gelingt ihr, ihn zu überreden, seine Schlittschuhe wieder anzuziehen und wieder zu trainieren.

Jutta hatte wieder einmal Recht. 1977, 1978 und 1979 wird Hoffmann wieder Europameister, und bei den Olympischen Spielen 1980 in Lake Placid holt er sich die Silbermedaille hinter einem Engländer, einem gewissen Robin Cousins. Im selben Jahr wird er auch wieder Weltmeister. Sechs Jahre nach seinem ersten Erfolg!

Gleichzeitig bringt Jutta Müller mit Anett Pötzsch eine neue Figur in das internationale Eiskunstlaufgeschehen. Bei ihrem ersten Auftritt 1973 mit 12½ Jahren bei den Europameisterschaften in Köln spart die Presse nicht mit Lob: «... Anett Pötzsch hat in gewisser Weise allen eine Lektion erteilt. Ihre Begleitmusik ist originell, und so kann sie etwas Neues bieten, die ausgetretenen Pfade verlassen. Ihr gehört die Zukunft.» Und tatsächlich, Anett gewinnt vier Europameisterschaften (1977 bis 1980), zwei Weltmeisterschaften (1978 und 1980) und die Goldmedaille 1980 bei den Olympischen Spielen in Lake Placid. 1980 war das große Erfolgsjahr der Jutta Müller.

Anett Pötzsch ist dem Eislauf treu geblieben. Seit mehreren Jahren ist sie als Preisrichterin tätig. Wir trafen sie bei den Europameisterschaften 1988 in Prag, allerdings war sie da nicht für die Damen zuständig, denn bei diesem Wettbewerb lief Katarina Witt, ihre Schwägerin! Anett Pötzsch hat nämlich den Fußballspieler Axel Witt geheiratet, den Bruder von Katarina. Sein Vorname ist allen Eiskunstläufern wohlbekannt...

Die beiden großen Damen des Eiskunstlaufs, Katarina Witt und Jutta Müller, haben ein ganz besonderes Verhältnis zueinander. Von Anfang an haben sie sich mit einem Blick, einer Geste verstanden, überall auf der Welt. Für das Publikum findet die Schau zwar auf dem Eis statt, aber die Eingeweihten verfolgen genauso gespannt, was sich hinter den Kulissen abspielt. Erstaunliche Szenen kann man da beobachten, eine Mischung aus bestimmten Riten, Aberglaube und Hexerei.

Für Katarina Witt und Jutta Müller beginnt die Darbietung, ihre Nummer, bereits vor dem Einzug in die Arena. Jutta Müller ist wie eine treue Freundin, sie ist fürsorglich, läßt Katarina nicht aus den Augen. Katarina wärmt sich auf und übt ihr Programm ohne Schlittschuhe. Jutta lobt, gibt Ratschläge, korrigiert ein Detail und macht Mut. Alle beide wirken verschlossen, absolut konzentriert. Wenn Katarina die Schlittschuhe anzieht, ordnet Jutta noch einmal ihre Frisur. Die Trainerin wird zur Mutter.

Während des Einlaufens verfolgt sie alle Sprungversuche ihres Schützlings mit größter Aufmerksamkeit, ist der Sprung gut gegangen, freut sie sich.

Dann ist Katarina auf dem Weg zu einem neuen Erfolg, und Jutta Müller erlebt am Rand die ganze Darbietung mit. Sie deutet Schritte an, geht im Rhythmus mit, als ob dies irgend etwas ändern oder die bösen Geister abwehren könnte. Vier Minuten lang ist sie gleichzeitig Eiskunstläuferin und Trainerin!

Während man auf die Noten wartet, hält Jutta die Hand von Katarina und spricht mit ihr, ganz sanft. Man wird niemals erfahren, was sie ihr sagt! Sicherlich zählt sie nicht «ihre» ganzen Siege auf, denn die Liste ist lang und die Zeit würde dafür nicht reichen... Fassen wir also selbst zusammen: sechsmal Europameisterin (1983-84-85-86-87-88), viermal Weltmeisterin (1984-85-87-88) und zweimal Olympiasiegerin (1984 und 1988).

Mit Katarina Witt hat Jutta Müller sicher die schönsten, bewegendsten und intensivsten Augenblicke ihrer langen Laufbahn als Trainerin erlebt.

«1984 nach den Olympischen Spielen von Sarajevo wollte Katarina aufhören. Wir haben miteinander darüber geredet und dann gemeinsam beschlossen, weiterzumachen», erzählt Jutta Müller mit ihrer gewohnten Überzeugungskraft.

Bei den Weltmeisterschaften in Genf 1986 lernen Katarina Witt und Jutta Müller aber auch die Niederlage kennen. Sie stehen Debi Thomas gegenüber, der farbigen Amerikanerin.

Katarina hat einige Kilo zugenommen, und dieses Mal scheint ihr Killerinstinkt, der unbedingte Wille zu siegen, nachgelassen zu haben. Sie verliert bei der Pflicht und im Kurzprogramm, doch dann nimmt sie noch einmal ihren ganzen Stolz und ihre ganze Kraft zusammen und gewinnt die Kür und damit die Silbermedaille. Manch einer hat damals geweint!

Aber das war nur ein kleiner Ausrutscher auf dem Weg nach oben. Die Show geht weiter, glanzvoll und begeisternd wie immer. Katarina hat noch an Persönlichkeit gewonnen. Sie wählt jetzt selbst ihre Musik aus. «Carmen» von Bizet. Jutta ist zunächst nicht ganz sicher, ob diese Wahl richtig ist, aber Katarina besteht darauf. Die Idee dazu kam ihr bei Schauspielstunden in Ost-Berlin. Mit leidenschaftlicher Begeisterung gehen sie an die Arbeit, das Abenteuer geht weiter. Ziel: der Erfolg, wie immer.

Jutta Müller ist fast 60 Jahre alt, mit Hilfe ihrer Eiskunstläufer und Eiskunstläuferinnen, die sie ausgebildet und buchstäblich mit eigenen Händen geformt hat, hat sie sehr viel Ruhm geerntet. Sie hat ihnen beigebracht, daß man nicht bequem sein darf, sie machte ihnen Mut, etwas Neues zu unternehmen, etwas zu wagen. Sie hat sie damit zum Gipfel geführt.

Jutta Müller hätte eigentlich Ruhe verdient, die Ruhe des Kriegers, der an allen Fronten gekämpft hat. Viele, viele Siege hat sie errungen, ihre Waffen waren ihr Fleiß, ihr Glaube und ein profundes Fachwissen, und natürlich ihr ständiges Streben nach Perfektion.

Aber Jutta Müller macht weiter. Das ist ihr Leben, ihr Schicksal. Sie kennt nichts anderes als die trostlose, graue Eisbahn von Karl-Marx-Stadt beim Training und das Rampenlicht bei den Meisterschaften. Das liebt sie, das ist ihre Welt.

Wenn diese sanfte und zarte Trainerin, die als gute Psychologin durchaus auch hart und unnachsichtig sein kann, einmal Zeit hat, stickt sie Bilder; diese «Werke» verschenkt sie dann an Freunde.

Jutta Müller hört gern und viel Musik. Für neue Darbietungen, neue Schüler. Denn sie hat (schon wieder) Entdeckungen gemacht: zwei vielversprechende kleine Mädchen und einen 13jährigen Jungen mit Vornamen Jan – wie Hoffmann! –, über die sie nur Gutes zu berichten weiß. Nach der Eiskönigin ein König der Eisbahn? Warum nicht? Jutta Müller ist unermüdlich, ihre Begeisterung ungebrochen.

In ihren Anfängen fiel sie durch, gelinde gesagt, ausgefallene Kleidung auf, unmöglich, sie zu übersehen! Sie spielte die Rolle der extravaganten Jutta Müller. Als dann schließlich der Erfolg kam, wurde sie zurückhaltender. Überschwenglichkeiten hebt sie jetzt nur noch für die Fernsehkameras auf, wenn sie mit «ihren» Meistern auf die Noten wartet. Dann gibt es Küsse und Umarmungen. «Der diskrete Charme der Bourgeoisie»? Ist das ein Widerspruch in sich, da unsere Geschichte sich ja zum größten Teil «im Osten» abspielt? Nicht unbedingt. Es gibt zwei Dinge, die sich

Jutta Müller leistet, und wer möchte ihr diesen Luxus vorwerfen: einige Pelze und ein altes Auto, Marke Wartburg natürlich. Ein echter Klapperkasten, der so viel Krach macht, daß niemand sie überhören kann.

Der Beruf des Trainers ist nicht einfach. Gaby Rüger-Seyfert, ihre Tochter, kann ein Lied davon singen, denn sie war früher auch Eislauftrainerin, insbesondere für Anett Pötzsch, als diese gerade anfing. Jetzt arbeitet sie in einer Schule in Karl-Marx-Stadt und leitet eine Tanzgruppe von 40 Kindern zwischen 7 und 15 Jahren.

Gaby war zehnmal DDR-Meisterin, und sie ist auch Regisseurin in einem kleinen Eislauftheater, das gerade in Karl-Marx-Stadt eröffnet wurde; dort werden Musikstücke, Pantomimen und Ballettszenen aufgeführt.

Ob Sieg oder (seltene) Niederlage, es ist unmöglich, Katarina Witt von dieser Frau zu trennen, die einige respektvoll und freundschaftlich die Magierin oder die Hexe nennen.

Diese tüchtige Frau, diese agile und dynamische Großmutter – Sheila, ihre Enkelin, ist 11 Jahre alt – wird wieder ins Eisstadion gehen. Ihr Wartburg ist alt und müde und springt schlecht an. Anders als Jutta Müller, die auf ihrer Jagd nach Medaillen unermüdlich und unersättlich ist.

Eine große Dame. Sie liebt Katarina Witt. Und Katarina Witt liebt sie. Denn ihr verdankt sie alles.

Die Erfolgsetappen der Witt-Side-Story

Jutta Müller, die der DDR zu so viel Ruhm und Glanz verholfen hat, ist noch mit der Ausbildung von Anett Pötzsch beschäftigt, aber sie denkt bereits nach über eine Nachfolgerin und entdeckt die kleine Katarina Witt. Zehn Jahre später wird sie Weltmeisterin sein!

Sie werden zusammen einen langen Weg zurücklegen, und sie werden dabei 12 Goldmedaillen erringen.

Aber gehen wir der Reihe nach vor.

1979
- Erst internationale Erfahrung bei den Europameisterschaften 1979 in Zagreb. Katarina ist noch keine 14, und sie kommt auf den 14. Platz. Ein erster Erfolg. Sie gilt jedoch noch als zu zart und wird nicht zu den Weltmeisterschaften nach Wien geschickt.

1980
- Zwölf Monate später trifft man Katarina bei den Europameisterschaften in Göteborg wieder. Sie rückt einen Platz nach vorn und wird Dreizehnte. Sie nimmt jedoch nicht an den Olympischen Spielen in Lake Placid, USA, teil.
- Sie kommt aber zu den Weltmeisterschaften nach Dortmund. Ab jetzt beginnt man, von Katarina zu sprechen. Sie ist 14 Jahre alt und setzt sich gut mit der internationalen Elite auseinander. Ihr 10. Platz überrascht.

1981
- Bei den Europameisterschaften in Innsbruck 1981 läuft Katarina Witt ihr Kurzprogramm nicht besonders gut (6. Platz). Sie zögerte vor allem zu sehr bei der Sprungkombination. Sie wird Achte in der Pflicht, ist Siebte nach der Zwischenwertung und wird nach einer guten Kür schließlich Fünfte.
- Hartford (USA), Weltmeisterschaften. Katarina zeigt ihre Krallen: sie gewinnt das Kurzprogramm mit Bravour vor Denise Biellmann aus der Schweiz und Elaine Zayak aus den USA! Damit war sie der unbestrittene Star des Kurzprogramms. Sie hätte sicher auch eine bessere Gesamtwertung erzielt, wenn sie eine günstigere Startnummer gehabt hätte. Sie läuft besser als bei den Europameisterschaften, die Kombination dreifacher Toe-Loop/dreifacher Rittberger gelingt ihr gut. Sie belegt am Ende den 5. Platz.

1982

- Bei den Europameisterschaften in Lyon 1982 dauert die Pflicht ganze acht Stunden, eine harte Probe für die Nerven der Läuferinnen. Katarina hält das gut durch und belegt nach dieser ersten Disziplin den 6. Platz. Mit dem Kurzprogramm arbeitet sie sich auf Platz 4 vor. Sie läuft eine hinreißende Kür, die beste des Tages, und wird Vize-Europameisterin.
- Nach der Pflicht bei den Weltmeisterschaften in Kopenhagen liegt Katarina nur auf Platz 9, aber im Kurzprogramm und in der Kür übertrifft sie sich selbst – nur ihr und Claudia Leistner aus der BRD gelingt im Kurzprogramm eine Sprungkombination mit einem dreifachen Sprung – sie gewinnt die Silbermedaille. Das ist ihr bisher bestes Ergebnis.

1983

- An Dortmund wird Katarina sich wahrscheinlich immer erinnern. Denn in dieser Stadt wurde sie 1983 zum ersten Mal Europameisterin, mit 17 Jahren. Sechsmal wird sie diesen Titel noch erringen! Ihr Sieg war zwar keine Überraschung, aber sie hatte trotzdem in Westfalen nicht ihren besten Tag.
- Katarina ist bei den Weltmeisterschaften in Helsinki, Finnland, dabei. Das Mädchen aus der DDR schneidet schlechter ab als 1982. Nach der Pflicht liegt sie auf Platz 8, sie gewinnt das Kurzprogramm und schlägt sich hervorragend in der Kür, aber trotzdem kann sie nicht auf das Siegerpodest steigen. Sie belegt den undankbaren 4. Platz.

1984

- 1984 in Budapest gewinnt Katarina Witt ohne Schwierigkeiten ihre zweite Europameisterschaft. Katarina ist jetzt 18 Jahre alt, sie hat sich als eine der großen Favoritinnen für die nächsten Olympischen Spiele in Sarajevo vorgestellt. Katarina mußte sich nicht groß anstrengen, um diesen Titel zu behalten. Nach der Musik des Amerikaners George Gershwin lief sie, in einem lila Kostüm mit Goldpailletten, die beste Kür des Wettbewerbs, der insgesamt recht enttäuschend war. Nach dem Rücktritt von Denise Biellmann aus der Schweiz wartete man im Eiskunstlauf der Damen immer noch auf einen neuen Star. Dieser Star ist nun geboren, er heißt Katarina Witt.
- Sarajevo, Olympische Spiele. Nach dem Kurzprogramm lag Katarina Witt an der Spitze des Klassements. Sie hatte damit eine gute Ausgangsposition für die Kür. Rosalynn Sumners und Katarina Witt, die beiden Favoritinnen, lieferten sich einen heißen Zweikampf, den Katarina Witt, die zweifache Europameisterin, schließlich für sich entschied. Das Ergebnis war knapp. Im Gegensatz zu den anderen Konkurrentinnen hatten das Mädchen aus der DDR und Rosalynn Sumners, die Weltmeisterin, ihre Nerven unter Kontrolle und zeigten eine außergewöhnlich gute Kür. Ansonsten hatten die 8500 Zuschauer in Zetra wenig Gelegenheit zum Jubel.
- «Ich bin zu den Weltmeisterschaften gekommen, um zu gewinnen. Nach der Goldmedaille in Sarajevo wollte ich auch diese Goldmedaille. Ich bin

zufrieden. Die Saison war lang, Europameisterschaften, Olympische Spiele und Weltmeisterschaften. Aber am meisten freue ich mich natürlich über die Goldmedaille bei den Olympischen Spielen, denn die gibt es nur alle vier Jahre.» Das sagte Katarina Witt in Ottawa nach ihrem Sieg über die Sowjetrussin Anna Kondrachowa und die Amerikanerin Elaine Zayak. Ihren Vorsprung nach der Pflicht hatte sie mit Kurzprogramm und Kür noch weiter ausgebaut. In diesem Wettbewerb, in dem sie ein rosa Kostüm trug, sprang sie drei dreifache Sprünge, die Noten lagen bei 5,7 bis 5,8 für den technischen Wert und 5,8 bis 5,9 für den künstlerischen Eindruck. Damit ist Katarina zum ersten Mal in ihrer Laufbahn Weltmeisterin.

1985

- Anfang Februar 1985 in Göteborg verteidigt Katarina Witt ihren Titel als Europameisterin. Sie hatte das Kurzprogramm total verpatzt und lag danach nur an Platz 4, aber mit der Kür hat die Schülerin von Jutta Müller dann alles wieder ins Lot gebracht, wenn auch mit einigen Schwierigkeiten, denn ganz am Anfang ihrer Darbietung mußte sie nach dem ersten dreifachen Sprung beim Aufsprung die Hand zu Hilfe nehmen. Sie erhielt durchschnittliche Noten zwischen 5,5 und 5,8. Dieser Wettbewerb war wirklich nicht besonders, und in der Presse war zu lesen: «In Göteborg herrschte allgemeine Verdrossenheit. Selbst Katarina Witt aus der DDR, 1984 Königin auf dem Eis, schien davon angesteckt zu sein.» Katarina war weniger souverän gewesen als früher. Sie hatte nur dank ihres Willens, ihrer Erfahrung und ihres Charmes gewinnen können. Sie hatte ja eigentlich nach Sarajevo abtreten wollen, und nur auf Wunsch ihres Verbands war sie wieder angetreten, sozusagen zur Sicherung des Interims bis zur «Reife» der jungen Simone Koch. Das war zwar riskant, aber für Katarina Witt im Endeffekt doch eine ausgezeichnete Entscheidung.
- Bei den Weltmeisterschaften in Tokio müssen Katarinas Anhänger zittern: «Im Damenwettbewerb scheint der Thron von Katarina zu wanken: nach der Pflicht liegt sie nur auf Platz 3, hinter der Sowjetrussin Kira Iwanowa und der Amerikanerin Tiffany Chin.» Katarina nimmt den Kampf auf. Für das Kurzprogramm mit einem hohen technischen Niveau und einem guten Aufbau erhält sie Noten von durchschnittlich 5,8 für den technischen Wert, und 5 von 9 Preisrichtern geben ihr 5,9 für den künstlerischen Eindruck. Katarina hat damit Kira Iwanowa den Weg zum Sieg versperrt. Ab jetzt kann sie nichts mehr aufhalten. Katarina bleibt die Königin des Eiskunstlaufs. Mit der Kür kann sie ihren Titel verteidigen. Bei diesem letzten, entscheidenden Aufeinandertreffen ist die DDR-Meisterin 19 Jahre alt, sie entledigt sich der Aufgabe mit Bravour. Ihre Stellung ist absolut unangetastet: sie ist gleichzeitig Olympiasiegerin, Weltmeisterin und Europameisterin, trotz einer außerordentlich starken Konkurrenz. Dies ist ihr zweiter Weltmeisterschaftstitel.

1986

- Im darauffolgenden Jahr, also 1986, will Katarina zum vierten Mal die Europameisterschaft gewinnen. Sie ist 20 Jahre alt. Nach der Pflicht muß sie sich mit dem 2. Platz hinter der Sowjetrussin Kira Iwanowa begnügen. Die Chancen von Katarina sind dadurch jedoch keinesfalls beeinträchtigt. Wieder einmal entscheidet die Kür, und «die Witt» trägt ihren Namen in die Siegerliste der Meisterschaften von Kopenhagen ein. Die Beobachter schreiben: «Ohne Jozef Sabovcik aus der Tschechoslowakei und Katarina Witt aus der DDR hätte die UdSSR alle 12 Medaillen in den vier Disziplinen gewonnen.»
- Einen Monat später in Genf kämpft Katarina mit ihrem Gewicht. Außerdem scheint sie nicht recht motiviert zu sein, kurz, sie zeigt Ermüdungserscheinungen. Die Pflichtfiguren gelingen ihr nicht besonders gut: sie wird Dritte nach der großen Spezialistin Kira Iwanowa (UdSSR) und einer gewissen Debi Thomas aus den USA. Kurzprogramm: Katarina wird nur 4., hinter Debi Thomas, Anna Kondrachowa (UdSSR) und Tiffany Chin, der Amerikanerin asiatischer Abstammung. Jetzt müßte schon ein Wunder geschehen, damit Katarina nicht ihren Titel verliert. Aber kein Wunder geschieht! Sie wird geschlagen, obwohl ihr Stolz sie noch einmal zu einer großen Leistung treibt. Sie gewinnt zwar die Kür, aber das reicht nicht aus, um die Amerikanerin einzuholen, über die die Journalisten in wahre Lobeshymnen ausbrechen: «Debi Thomas, das ist eine Schau ganz für sich allein! Die neue Weltmeisterin hat eine sportliche Figur, sie tritt auf in einem wunderschönen schwarzen Kostüm, dunkler als ihre Hautfarbe, mit vielen Silberapplikationen, und ihr strahlendes Lächeln zeigt, wie sehr ihr das Eislaufen Spaß macht. Ihre Choreographie, von ihrem Trainer, Alex McGowan aus Schottland, und ihr selbst entworfen, paßt wie angegossen... Sie reiht die technischen Schwierigkeiten mit unglaublicher Leichtigkeit zu einem wahren Feuerwerk aneinander, sie wirbelt und springt nach Musik von Duke Ellington von Anfang bis Ende ihrer Darbietung. Das gefällt den Preisrichtern, das Publikum will eine Zugabe. Sie hat sich mit ihrem Charme die Krone erobert.» Katarina Witt ist mit allen Ehren untergegangen. Sie wollte ja eigentlich aufhören, nun muß sie Revanche nehmen.

Zum ersten Mal in der Geschichte des Eiskunstlaufs haben Mädchen mit drei unterschiedlichen Hautfarben die drei Medaillen gewonnen. Schwarz, weiß und gelb, das sind die Farben auf diesem ganz besonderen Siegerpodest, Debi Thomas, Katarina Witt und Tiffany Chin.

1987

- Nach ihrer Niederlage in Genf hat Katarina Witt nicht aufgegeben. Sie hat das Training wieder aufgenommen, noch intensiver als zuvor. Und sie setzt sich ein Ziel: sie will zum fünften Mal Europameisterin und dann vor allem wieder Weltmeisterin werden. Und das im Land ihrer großen Gegnerin, Debi Thomas, der Amerikanerin. Alles beginnt 1987 wieder in Sarajevo. Katarina hat ihre Linie wiedergefunden. Sie ist großartig und endlich wieder fest entschlossen zu siegen. Nach der Pflicht liegt sie auf

Platz 3, aber das braucht sie nicht zu beunruhigen, denn Kira Iwanowa und Anna Kondrachowa aus der Sowjetunion haben nicht die stärksten Nerven. Die Deutsche aus der DDR gewinnt problemlos Kurzprogramm und Kür.

Katarina hatte ihren Sieg bereits am Morgen beim Training vorbereitet und gesichert: nach der Musik ihrer Konkurrentinnen improvisierte sie zur gleichen Zeit wie diese. Kira Iwanoa hielt überrascht mitten im Training inne, lehnte sich an die Bande und sah zu, wie Katarina einen dreifachen Rittberger genau an derselben Stelle sprang, an der sie selbst ihn in ihrem Vortrag auch brachte. Nach einigen Minuten nahm Kira ihr Training wieder auf – und stürzte, ausgerechnet bei diesem Sprung. Ein kleiner psychologischer Krieg, den Katarina Witt gewann.

Die Pressestimmen sind einmütig: «Katarina hat hier in Sarajevo sicher ihr bisher bestes Kürprogramm gezeigt. Nach Musik aus der «West Side Story» erhielt sie die höchsten Noten des Tages, siebenmal 5,9 und zweimal 5,8.»

- Mitte März trifft Katarina in Cincinnati auf Debi Thomas. Weltmeisterschaften. Es ist keine Vergnügungsreise, sie hat nichts zu verschenken, gar nichts. Sie will unbedingt den dritten Weltmeistertitel gewinnen. Sie hat es schon vorher gesagt: «Diese Begegnung wird nicht einfach sein. Ich brauche einen guten Start. Ich glaube an mich, und dann habe ich ja auch noch meine Anhänger in den USA...»

Am 15. März 1987 abends also die WITT SIDE STORY! Im brodelnden Riverfront Coliseum hat Katarina eine der schönsten Seiten der Geschichte ihrer sportlichen Karriere geschrieben. Sie hatte sich vorgenommen, Revanche zu nehmen. Das war beschlossene Sache. Und natürlich auf die schönste Art und Weise: mit Schwung und Können läuft sie nach Melodien aus der West Side Story. Katarina war nicht zu schlagen, niemand konnte dieser außergewöhnlichen Sportlerin seine Bewunderung versagen. Sie hatte viel versprochen, und sie hat Wort gehalten.

Mit 21 Jahren wird Katarina Witt zum dritten Mal Weltmeisterin. Nach der Pflicht noch auf dem 5. Platz (!) sicherte sie sich den Sieg mit Kurzprogramm und Kür.

1988

Katarina läßt sich auf ihrem Weg nicht aufhalten. 1988 sind doch Olympische Spiele, warum nicht den zweiten großen Sieg ihrer Karriere nach ihrem Triumph von 1984 wagen?

- Es läßt sich gut an für die Botschafterin des Charmes aus der DDR. Anfang des Jahres in Prag fügt sie ihrer Trophäensammlung die sechste Europameisterschaft hinzu. Die Bewunderer der hübschen Deutschen aus der DDR kommen auf ihre Kosten. In der eher kargen Sport Ovni Hala zieht Katarina vor 6500 hingerissenen Zuschauern alle Register ihres Könnens. Nach «Carmen» von Bizet und einer Choreographie von Jutta Müller meldet Kati ihren Anspruch für die kommenden Olympischen Spiele an. Sprünge, Pirouetten, Übergänge, Posen, alles ist meisterhaft. Ihre Leistung ist so makellos und rein wie Böhmisches Glas! Nach der Pflicht liegt sie hinter der Sowjetrussin Kira Iwanowa zwar nur auf Platz 2, aber im Kurzprogramm und der Kür schlägt sie dann alle. Die sechste Glückseligkeit, sozusagen...

- Calgary, Kanada, Olympische Spiele. Der Zweikampf zwischen Carmen und Carmen, Katarina Witt und Debi Thomas, den beiden Eisstars, geht zugunsten der Deutschen aus der DDR aus. Der Saddledome ist brechend voll (19 000 Zuschauer!). Carmen weiß gegen Carmen schwarz – Katarina wird zum zweiten Mal hintereinander Olympiasiegerin.

Gerechterweise muß erwähnt werden, daß dieser Zweikampf eigentlich von der kleinen, lebhaften Kanadierin Elizabeth Manley entschieden wird; sie gewinnt im eigenen Land Silber und bekommt die besten Noten für die Kür.

Katarina ist wegen der Goldmedaille gekommen, sie ist mit der Goldmedaille wieder abgereist. Ein glänzender Sieg, ein krönender Abschluß. Zweite in der Pflicht, Erste im Kurzprogramm und Zweite in der Kür. Katarina sagt dazu: «Ich bin mit meinen Sprüngen und dem künstlerischen Eindruck meines Programms sehr zufrieden. Es war hart, auf den Lauf von Debi zu warten. Ich bin sehr stolz, daß es mir als erste nach Sonja Henie gelungen ist, den olympischen Titel zu verteidigen. Ich möchte, daß man sich an mich als Eiskunstläuferin mit gutem «künstlerischen Eindruck» erinnert, die ihren Sport durch die Darstellung einer Geschichte vorangebracht hat. Ich möchte auch, daß man sich an mich wegen meiner menschlichen Qualitäten erinnert. Man hat viel über meine etwas gewagten Kostüme gesprochen, ich finde das ungerecht. Meine Kostüme passen lediglich zur Musik. Nach den Weltmeisterschaften in Budapest werde ich weiter Schauspielunterricht nehmen, um Schauspielerin zu werden. Aber ich werde den Eiskunstlauf, der mich so lange Zeit meines Lebens begleitet hat, natürlich nicht sofort ganz aufgeben.»

Dann ging Kati ein Bier trinken, das erste ihres Lebens! Aber nicht, um auf ihren Erfolg zu trinken, sondern wegen der Dopingkontrolle...

Es steht also fest, Katarina Witt wird Ende März in Budapest zum letzten Mal an einem Wettbewerb teilnehmen. Debi Thomas dagegen ist durch die Niederlage in Calgary vernichtet. Die Amerikanerin teilt mit, daß sie nur wegen ihres Trainers nach Ungarn fahren wird: «Das hat Alex McGowan verdient.» Obwohl sie ihre gesamte Zeit dem Studium widmet, hätte Debi Thomas sicher nichts dagegen, ihre Karriere mit einem Sieg zu beenden, noch dazu bei den Weltmeisterschaften. In der Zeit zwischen den beiden Wettbewerben hat sie sich dann wieder etwas gefangen. Und am 15. März, direkt nach den Olympischen Spielen, hat sie ganz heimlich geheiratet. Ganz heimlich deshalb, weil sie vor und während der Weltmeisterschaften nicht ununterbrochen mit Fragen bedrängt werden wollte. Ein Weltmeisterschaftssieg wäre natürlich als Hochzeitsgeschenk nicht schlecht gewesen.

- In Budapest ist Debi Thomas nach der Pflicht Dritte, im Kurzprogramm Erste und nach der Zwischenwertung Zweite. Sie kann noch einmal von Gold träumen. Aber sie hat die Rechnung ohne ihre Nerven gemacht und ohne... Katarina Witt.

Sowohl bei den Olympischen Spielen als auch bei der Weltmeisterschaft ist Debi Thomas sicher mehr von ihren Nerven als von Katarina Witt geschlagen worden, die in ihren Vorträgen nicht mehr so viele technische Schwierigkeiten bringt.

Bekanntlich ist sie nicht den Doppelaxel gesprungen, und ihr Programm umfaßte nur zwei dreifache Sprünge. Was allerdings die Schönheit angeht, so gibt es bei Katarina offensichtlich keine Grenzen, sie bekommt für den künstlerischen Eindruck sogar eine 6.

Die Kür von Katarina im Nepstadion war ein großer, bewegender Augenblick. Sie ist kein unnötiges Risiko eingegangen, auch das ein Zeichen von Meisterschaft. Sie hat die Leistung vollbracht, zweimal (1984 und 1988) die drei großen Wettbewerbe, nämlich Europameisterschaft, Olympische Spiele und Weltmeisterschaften, in einem Jahr zu gewinnen.

Außerdem hat Katarina 1975 auch die Spartakiade gewonnen, und sie war achtmal DDR-Meisterin (1981 bis 1988).

Witt, das liest sich so:
- 1975: Siegerin der Spartakiade
- 1977: 5. der DDR-Meisterschaften
- 1978: 4. der DDR-Meisterschaften
- 1979: 3. der DDR-Meisterschaften
  14. der Europameisterschaften
- 1980: 2. der DDR-Meisterschaften
  13. der Europameisterschaften
  10. der Weltmeisterschaften
- 1981: DDR-Meisterin
  5. der Europameisterschaften
  5. der Weltmeisterschaften
- 1982: DDR-Meisterin
  2. der Europameisterschaften
  2. der Weltmeisterschaften
- 1983: DDR-Meisterin
  Europameisterin
  4. der Weltmeisterschaften
- 1984: DDR-Meisterin
  Europameisterin
  Olympiasiegerin
  Weltmeisterin
- 1985: DDR-Meisterin
  Europameisterin
  Weltmeisterin
- 1986: DDR-Meisterin
  Europameisterin
  2. der Weltmeisterschaften
- 1987: DDR-Meisterin
  Europameisterin
  Weltmeisterin

1988: DDR-Meisterin
       Europameisterin
       Olympiasiegerin
       Weltmeisterin

Nach ihrem letzten Sieg in Budapest hat Katarina Witt vor Freude und Bewegung geweint. Sie hat gezeigt, daß sie keine Eislauf- und Springmaschine ist. Daß sie eine Seele hat. Das Rampenlicht ist erloschen. Die wunderbare «Zigeunerin» ist weitergezogen, auf der Suche nach anderen Triumphen, anderen Bühnen.

Und was kommt jetzt?

Mit 22 Jahren hat Katarina das Kapitel Wettkampfsport abgeschlossen, die Zukunft liegt vor ihr. Eigentlich beginnt das Buch ihres Lebens erst jetzt.

Kein Mädchen vor ihr hatte jemals so viele Angebote bekommen. Katarina Witt kann alles machen. Alle Welt schlägt sich um ihre Unterschrift unter einem Vertrag, für alles Mögliche, auf den verschiedensten Gebieten. Ihr Name ist nicht Geld wert, er ist Gold wert – dieses Metall liebt sie bekanntlich ganz besonders! Was auch immer sie tun wird, eine goldene Zukunft liegt vor ihr, dank ihres Charismas wird sie immer Erfolg haben. Beim Schaulaufen der Meister im Sportpalast von Bercy in Paris mußten 5000 Zuschauer wieder nach Hause geschickt werden. Jeder wollte sie sehen, jeder wollte ihr huldigen.

Wenn sie Amerikanerin wäre, so hätte sie bereits Millionen von Dollars auf dem Konto. Eine Reklame mit ihrem Lächeln und ihren Augen würde Rekordverkaufszahlen bringen. Aber Katarina ist aus der DDR, und deshalb ist die Sache nicht so einfach. Die Angebote werden in Ruhe geprüft. Die Besitzer der beiden Eisrevuen Ice Capades und Holiday on Ice, Thomas Scallen und J. Goodhard, überbieten sich mit Dollarmillionen, um einen Exklusivvertrag zu erhalten. Wahnsinnssummen, es wird einem schwindlig. Man spricht von 8 Millionen Dollar!!!

Die Filmindustrie steht auch bereit. Hollywood liebäugelt mit der Eisfee. Sie hat das Zeug zu einem wirklichen Star, die Amerikaner schwärmen von ihr. Auch die großen Modellagenturen haben ein Auge auf sie geworfen, sie möchten ein Top-Modell aus ihr machen. Wenn man erlebt hat, wie selbstverständlich sie sich vor den Kameraobjektiven bewegt, dann weiß man, daß Katarina auf jeden Fall Erfolg haben wird, ganz gleich, wofür sie sich entscheiden wird. Vielleicht eine Fernsehshow in den USA oder – in der DDR?

Die «Wittomanie» fängt gerade erst an. Katarina vergißt man nicht so schnell...

Rockmusik ist «in», in West- wie in Ostberlin finden auf beiden Seiten der Mauer zahllose Rockkonzerte statt. Als Michael Jackson in West-Berlin auftritt, ist die Stadt im Fieber. Tausende von jungen Deutschen aus der DDR träumen davon, das Idol aus Amerika zu hören.

Diese Begeisterung schafft Unruhe, und das ist etwas, das die politisch Verantwortlichen gar nicht brauchen können. Ein Gegenkonzert zu organisieren, das allein wäre nicht ausreichend. Wer könnte gegen Michael Jackson auftreten? Aber natürlich Katarina Witt! Sie wurde beauftragt, einen Rock-Abend am anderen Ende der Stadt zu moderieren.

Katarina Witt gegen Michael Jackson, oder eine Kultfigur gegen die andere. Kati ist viel mehr als eine Eiskunstlaufmeisterin...!

Die vierte Dimension

Katarina Witt ist mehr als eine Meisterin, eine Eiskunstläuferin, sie ist eine herausragende und außergewöhnliche Persönlichkeit.

Katarina Witt ist eine Diva, die prägend gewirkt hat, und nicht nur auf sportlichem Gebiet.

Der Eiskunstlauf wird von nun an in zwei Epochen eingeteilt werden: Vor und nach Katarina. Die acht Jahre an der Spitze einer so populären Sportdisziplin werden Spuren hinterlassen. Wer könnte eine so starke Persönlichkeit ersetzen? Schönheit, Intelligenz und Augen, die die Phantasie beflügeln, und dazu ein Talent, das jeder Logik spottet: das ist Katarina Witt, eine Sportlerin, die so viele Titel gewonnen hat wie selten jemand zuvor.

Wenn sie in den USA, in der Schweiz oder in England geboren worden wäre, hätte sie vielleicht nicht ein so großes Interesse hervorgerufen. Aber da sie aus der DDR kommt (für viele die schlechte Seite der Mauer), gilt sie als Botschafterin des Charmes eines ganz bestimmten politischen Systems.

Bisher hat noch kein kommunistisches Land über ein derartiges Propagandainstrument verfügt. Die Sportpolitik in der DDR ist von einer Effizienz, die einen frösteln läßt. Alles wird getan, um Meister heranzuziehen und auszubilden, Siegesmaschinen. Der Staat hat ein unbarmherziges System entwickelt, in dem die Schwachen ohne Gnade ausgeschieden werden. «Dabeisein ist alles» – über die berühmte und veraltete Devise von Baron Pierre de Coubertin kann man dort nur lachen.

Die Deutschen aus der DDR, die die Farben ihrer Nation vertreten, sind besessen von einer fixen Idee: den ersten Platz zu machen, oder zumindest auf dem Siegerpodest zu stehen. Diese gnadenlose Jagd nach Medaillen erfordert eine äußerst komplizierte Infrastruktur. Die DDR scheut keine Mittel und Kosten, um die Sportler voranzubringen. Es gibt zahllose Trainingszentren und hochmoderne medizinische Forschungszentren. Noch nie hat ein so kleines Land so viele Spitzensportler hervorgebracht. Jedes Mal, wenn es eine Goldmedaille gibt oder wenn die eigene Fahne aufgezogen wird, gilt dies als Synonym für den Erfolg der kommunistischen Ideologie. In der Hitparade der Nationalhymnen ist die DDR nicht weit von Platz Eins entfernt!

Katarina tut mit einem Auftritt mehr für ihr Land als Präsident Erich Honecker mit zehn Reisen. Sie spielt eine aktive Rolle in der Partei.

Die schöne und moderne Katarina, die nach Musik von Michael Jackson und Gloria Gaynor tanzt, die verwirrende und betörende Carmen, ist gleichzeitig aktiv für die Partei tätig. Sie hat politische Funktionen inne, nimmt an verschiedenen Veranstaltungen teil und hält Reden.

Bei den vielen Interviews mit der westlichen Presse ist sie im allgemeinen neutral und hält sich nicht damit auf, Worte von Karl Marx zu zitieren.

Manchmal jedoch gibt es Äußerungen, die an ihre Herkunft erinnern. In Calgary sagte sie kurz vor ihrer Abreise: «In einem kapitalistischen Land wäre ich nie Weltmeisterin geworden. Meine Eltern hatten dafür nicht genug Geld. Meiner Meinung nach sind in einer Demokratie zwei Dinge ganz wichtig: der Staat muß jedem Bürger das Recht auf Arbeit garantieren, und jeder muß seine Talente entwickeln können, ganz gleich wie hoch das Bankkonto seines Vaters ist.»

Die Meisterin hat also auch eine politische Dimension. Denn wenn es in der DDR ein Talent gibt, das nicht vergeudet wird, dann ganz bestimmt das sportliche. Wahre Spürhunde durchreisen das ganze Land auf der Suche nach einem Kind, das zur Leistung geeignet erscheint. Nach seiner Entdeckung wird der zukünftige Meister weiter begleitet, gehätschelt, nach den bewährten Schemata geformt. Nichts bleibt dem Zufall überlassen, weder Ernährung noch geistiges Wachstum. Die jungen Athleten werden von Profis gedrillt und aufgezogen, sie vergessen, daß sie Kinder sind, und wachsen mit dem Ziel auf, Helden des Sports zu werden. Vergünstigungen und sozialer Aufstieg stehen dann im Verhältnis zu den erbrachten Leistungen.

In ihrem Land ist Katarina ein Ideal. Man kann ihr also kaum etwas abschlagen...

Katarina –
Aus der Sicht von Denise Biellmann

**Züricherin, Weltmeisterin 1981,
unbestrittene Königin der Pirouette, insbesondere der Pirouette,
die nach ihr benannt wurde**

«Ich habe Katarina bei den Europameisterschaften in Zagreb 1979 kennengelernt. Das war ihr erster wichtiger Auftritt, und sie sprang schon recht sicher. Zwei Jahre später bei den Weltmeisterschaften 1981 in Hartford wurde sie im Kurzprogramm Erste und erhielt die einzige 6 (Höchstnote), die von den Preisrichtern bei diesen Meisterschaften vergeben wurde. Als sie nach diesem Wettbewerb aus den USA zurückkam, mit einem vielversprechenden 5. Platz als Endergebnis, verfügte sie bereits über alle Qualitäten, die man braucht, um auf die höchste Stufe des Siegerpodestes zu kommen. Einschließlich eines sehr hohen Anspruchs an sich selbst! Während der ganzen Zeit ihres Aufstiegs konnte man merken, wie zornig sie war, wenn sie nicht gewann. Sie ärgerte sich übrigens nicht so sehr darüber, daß sie nicht gewonnen hatte, sondern sie verzieh sich nicht, daß sie die eine oder andere Figur ihres Programms verpatzt hatte! Heute kann man sagen, daß ihr Stil und ihre Persönlichkeit den Eiskunstlauf der Damen geprägt haben, selbst wenn sie keiner speziellen Figur ihren Namen gegeben hat... Man wird sie so schnell nicht vergessen!

Was mich persönlich betrifft, so hat mir besonders die Art gefallen, wie sie, für die letzten drei Medaillen, die Geschichte der berühmten Zigeunerin erzählt hat. Katarina war Carmen. Bis in die Fingerspitzen. Sie war tatsächlich in die Haut dieser Person geschlüpft, was bei Debi Thomas, die auch nach der Musik von Bizet lief, nicht der Fall war. Es fehlten der Amerikanerin die typischen Gesten und Blicke, die Schönheit und Reiz der Tänze der Spanier und Zigeuner ausmachen. Katarina hat alles nachempfunden. Es war einfach wunderbar.

Wenn sie sich mit 22 Jahren vom Wettkampfsport verabschiedet, dann wirklich auf dem Höhepunkt ihres Könnens.»

Katarina –
aus der Sicht von Oliver Höner
Schweizer Meister

Oliver Höner, der Schweizer Meister im Eiskunstlauf, Achtbester bei den Europameisterschaften, Zwölfter bei den Weltmeisterschaften, hat Katarina Witt zum ersten Mal 1982 bei den Europameisterschaften in Lyon laufen sehen. Er erschien damals gerade erst auf der internationalen Bühne.

«Ich kann nicht sagen, daß Katarina mich damals besonders beeindruckt hätte. Sie war eine gute Eiskunstläuferin unter anderen guten Eiskunstläuferinnen. Aber wegen der Qualität und Vielfalt ihrer Sprünge konnte man schon vermuten, daß sie sich bald an die Spitze des Klassements setzen würde. Ich hätte aber niemals gedacht, daß sie ein so bekannter Star werden würde.»

«Katarina war nicht von Anfang an immer besser, aber bei den wichtigen Veranstaltungen hatte sie ihre Nerven besser im Griff. Sie war ruhig, außerordentlich gut vorbereitet, und damit konnte sie die Mädchen, die technisch genauso stark oder sogar besser waren als sie, besiegen. Sobald es ernst wurde, manchmal sogar bevor sie auf das Eis kam, war Katarina den anderen um eine Länge voraus.» «Und dann stand der Meisterin aus der DDR oft auch das Glück zur Seite. Wenn mal nicht alles so gut für sie gelaufen war, wenn sich kleine Fehler in ihren Vortrag eingeschlichen hatten, dann machten ihre Rivalinnen noch größere Fehler! Aber Glück braucht man eben, auch das gehört dazu, wenn man Meister werden will.»

«Mit den Jahren bekam sie dann dieses gewisse Etwas, das den Unterschied ausmacht. Diese Ausstrahlung, die den Preisrichtern gefallen und die Massen begeistert hat.»

War Katarina Witt wirklich die Beste? «Eigentlich ja.» Eigentlich? «Ja, aus dem einfachen Grund, weil Debi Thomas auch eine wunderbare Eiskunstläuferin ist, aber diese schöne farbige Sportlerin hat den Druck nicht ausgehalten, der bei den wichtigen Begegnungen auf ihr lastete. Die Amerikanerin ist psychisch schwach.»

«Eine andere Konkurrentin, Elizabeth Manley, ihre Thronfolgerin bei den Olympischen Spielen und den Weltmeisterschaften 1988, hätte Katarina noch ernsthafter gefährden können. Die energische kleine Kanadierin verfügt über eine viel größere Auswahl an Sprüngen, besonders an dreifachen Sprüngen, und ihre Darbietungen sind nicht ohne Originalität. Es hat ihr wirklich nicht viel zum Sieg gefehlt. Vielleicht etwas mehr Weite in den Bewegungen, eine etwas stärkere Präsenz auf dem Eis.»

Katarina Witt ist manchmal überraschend, provozierend. Ihre Kostüme sind gewagt und extravagant. Stört das den 22jährigen Eisläufer Oliver

Höner? «Mich persönlich stört das nicht. Ich denke jedoch, daß bestimmte Verhaltensweisen nicht besonders vorteilhaft für sie sind. Eiskunstlaufen wird von einem großen und sehr unterschiedlichen Publikum verfolgt, und ich bin überzeugt, daß in dieser Beziehung die Meinungen über Katarina recht geteilt sind. Ihr Talent ist so groß, daß sie es überhaupt nicht nötig hat, zu provozieren, um zu gefallen. Im Gegenteil. Ich frage mich, ist das wirklich ihr Stil? Hat sie das so gewollt? Da bin ich nicht so sicher.»

«Einige ihrer Glanznummern passen bemerkenswert gut zu ihrer Persönlichkeit. Andere erscheinen mir dagegen weniger gelungen, wie zum Beispiel ihre Interpretation nach der Musik von Michael Jackson. Es ist für ein Mädchen schwierig, den König des Show-Business zu imitieren. Auf der Bühne und vor einem Publikum, das von vornherein für ihn eingenommen ist, kann Michael Jackson sich gewisse Gesten erlauben, die auf dem Eis weniger passen. Ich denke, man sollte sich lieber von einem Künstler inspirieren lassen und nicht versuchen, ihn zu kopieren. Übrigens ist das dem Sowjetrussen Wladimir Kotin – nach der Musik des amerikanischen Sängers – besser gelungen. Aber das ist meine Meinung. Es gibt auch andere.»

Niemand kann leugnen, daß Katarina Witt enorm viel für die Popularität des Eiskunstlaufs getan hat. Aber worin besteht eigentlich ihr Beitrag? «Sie hat das große Verdienst, bei den Damen den Wettlauf nach den dreifachen Sprüngen gebremst zu haben. Sie hat den Eiskunstlauf wieder geadelt, sie hat ihm seine wahren Maßstäbe zurückgegeben: Grazie und Schönheit.»

Katarina wird ständig von Publikum und Presse bedrängt. Vor den Umkleideräumen und vor ihrer Kabine kommt es zu regelrechten Belagerungen, man will sie sehen, mit ihr sprechen, man will ein Autogramm. Ist Katarina unzugänglich? «Nein, aber es ist wahr, daß wir Eisläufer uns selten sehen. So, wie unter Freunden, meine ich. Wenn sich die Gelegenheit dann doch einmal ergibt, ist Kati nett.» Also ein ganz anderes Mädchen? «Beinahe, aber auch nur beinahe, denn sie hat sich so in ihre Rolle eingelebt, daß sie niemals mehr ganz davon loskommt. Wenn sie aber doch einmal das Eislaufen vergißt, dann spricht sie am liebsten über Mode und Kleider.»

Wird Oliver Höner, ein hübscher Junge, Katarina Witt den Hof machen? Ist sie für ihn in gewisser Weise ein Idol? Möchte er sie zur Freundin haben? Seine Antwort kommt ohne Zögern, klar und trocken: «Nein.» Aha, und warum nicht? «Zunächst einmal ist Katarina nach meinem Geschmack nicht unbedingt die Schönste. Sie ist nicht mein Typ, wenn Sie es genau wissen wollen.» Jeder hat eben seinen eigenen Geschmack. «Vielleicht schreckt mich auch der Starkult um sie. Ich fürchte, daß sie an menschlicher Wärme verloren hat.»

«Trotzdem gehört Katarina Witt natürlich meine volle Bewunderung. Was sie im Eislauf getan hat, ist einmalig. Wunderbar.»

Katarina – aus der Sicht von Otto Hügin
Trainer von Denise Biellmann

März 1981, Hartford, USA. Denise Biellmann macht Jagd auf Gold. Was wäre normaler im Land der Goldgräber. Zum ersten Mal wird eine Schweizerin Weltmeisterin!

Um den Triumph perfekt zu machen, erhält ihr Trainer Otto Hügin auch eine Goldmedaille! Vom Internationalen Eislauflehrerverband.

Eine schöne Dublette: Schüler und Lehrer werden gleichzeitig belohnt.

Katarina Witt und Denise Biellmann sind sich von 1979 bis 1981 in Eiskunstlaufwettbewerben gegenübergestanden. Otto Hügin aus Zürich kennt die Deutsche aus der DDR gut. Zumal Katarina Witt seinen Schützling bei der letzten Auseinandersetzung im Kurzprogramm geschlagen hat...

Was denkt Otto Hügin von Katarina Witt, der vierfachen Weltmeisterin? Wir haben ihn gefragt, er gab uns bereitwillig Auskunft. Schließlich war er dabei gewesen, zusammen mit Katarina und...Jutta Müller.

«Damals beherrschte Katarina Witt zwei dreifache Sprünge: den Salchow und den Toe-Loop. Bis 1981 war sie bei jedem Auftritt besser als vorher. Eine gefährliche Konkurrentin. Danach hat sie ihr Sprungrepertoire nicht weiter ausgebaut, allerdings ist sie bei den Weltmeisterschaften in Cincinnati 1987 den dreifachen Rittberger gesprungen. Aber als ausgereifte Künstlerin konnte Katarina gewisse Lücken in der Technik immer mit originellen und ausgefeilten Choreographien ausgleichen.

Sie hat die Wettkämpfe im Eiskunstlauf der Damen wieder aufgewertet, die schon seit geraumer Zeit um einiges geringer eingeschätzt wurden als die Wettkämpfe der Herren. Katarina Witt ist eine große Eiskunstläuferin, ihre Vorteile waren solide Grundlagen und eine ausgezeichnete Trainerin.

Aber es gibt noch andere, die – jede zu ihrer Zeit und auf ihre Art und Weise – den Eiskunstlauf nachhaltig geprägt haben: Sonja Henie aus Norwegen, die sensationelle Peggy Fleming aus Amerika und auch die unvergeßliche Denise Biellmann.

Erinnern wir uns: Denise hat ihre Weltmeisterschaft mit drei verschiedenen dreifachen Sprüngen gewonnen, davon den Lutz, den nicht viele beherrschen, und einem wunderbar leichten Laufstil, selbst ihre Sprünge und ihre denkwürdigen Pirouetten wirkten schwerelos. Sieben Jahre nach ihrem Erfolg spricht man immer noch davon, und man wird auch noch lange davon sprechen. Denise wird immer noch nachgeahmt, aber nicht erreicht. Die Schweizerin hat mit den Kufen ihrer Schlittschuhe ihren Namen für immer in das Eis eingraviert. Dieses Eis kann niemand mehr zum Schmelzen bringen.

In den Niederlanden ist durch ein königliches «Dekret» eine Rose auf ihren Namen getauft worden. Sie hat die gleiche Farbe wie das Kostüm, das sie trug, als sie bei den Europameisterschaften auf die höchste Stufe des Siegerpodestes stieg.

Denise Biellmann lebte ihre Musik, interpretierte sie. Sie war sehr ausdrucksstark und versetzte die Zuschauer in eine andere Welt. Eine Welt, in der – selbst akrobatische – Leistung sich wunderbar mit Sensibilität, Eleganz und Reinheit der Bewegungen paarte. Denise hat bewiesen, daß es möglich ist, sehr schwierige Programme zu laufen, ohne daß die Harmonie darunter leidet. Im Gegenteil. Ein perfektes Gleichgewicht, im technischen wie im übertragenen Sinne des Wortes. In dieser Hinsicht hätte Denise eigentlich die Befürchtungen einiger leitender Funktionäre zerstreuen müssen, die meinten, die Anzahl der dreifachen Sprünge begrenzen zu müssen, so daß viele Eiskunstläuferinnen, und Katarina Witt ist auch eine von ihnen, sich sagen mußten: Warum solche Risiken eingehen, wenn die Richter bereit sind, sich durch eine schöne, gut erzählte Geschichte auf dem Eis verführen zu lassen? Katarina Witt hat in Calgary bei den Olympischen Spielen und in Budapest bei den Weltmeisterschaften gegen Mädchen gewonnen, die in Sachen Sprünge mehr zu bieten hatten, aber die Amerikanerin Debi Thomas ist leicht aus der Fassung zu bringen, die Kanadierin Elizabeth Manley geht zu wenig aus sich heraus, während die Japanerin Midori Ito, die Königin bei den Sprüngen, in der Pflicht schwach ist und zu wenig künstlerischen Ausdruck hat.

Nimmt man alle Wettbewerbe zusammen, so war Katarina sicher die Beste. Ich finde es allerdings bedauerlich, daß eine Meisterin von ihren Graden sich für das Finale der Finale mit einem einfachen Axel und nur zwei verschiedenen dreifachen Sprüngen zufrieden gegeben hat. Soviel zur Technik.

Was die künstlerische Seite betrifft, so ziehe ich ohne jeden Chauvinismus die erstaunliche «Carmen»-Interpretation vor, die – jawohl! – die damalige Schweizer Meisterin Claudia Villiger 1987 in Cincinnati (USA) gegeben hat. Claudias Posen waren typisch spanisch, Katarina steht zu oft auf beiden Füßen, wenn sie steht und wenn sie sich bewegt.

Eiskunstlauf ist ein Sport, und danach muß man ihn beurteilen.

Ich will keinesfalls die ungeheuren Verdienste von Katarina Witt und ihrer Trainerin Jutta Müller schmälern oder schlecht machen. Eine Analyse muß objektiv sein, und trotz einiger Einschränkungen muß man sagen, sie war eine außergewöhnliche Eiskunstläuferin. Die Medien konnten ihr nicht widerstehen: Katarina war die Schönste, Katarina war die Beste. Man überbot sich förmlich in Lobeshymnen. Wehe dem Journalisten, der es gewagt hätte, eine andere Meinung zu äußern, und wäre es bloß eine etwas ausgewogenere gewesen.

Selten, um nicht zu sagen noch nie, hat eine Sportlerin so viel Schwärmerei hervorgerufen, derartige Leidenschaften entfesselt und so viele Kameras in Aktion gesetzt.

Eine berühmte Schauspielerin, Katarina Witt. Auch das!»

Katarina –
aus der Sicht von Freddy Girardet

Freddy Girardet ist ein Mann von Geschmack, das beweist er jeden Tag in seinem berühmten Restaurant «Girardet» in Crissier in der Schweiz. Ein Kreativer, der den Sport liebt; er fährt Fahrrad und spielt Fußball.

Auch Freddy Girardet blieb nicht unempfindlich gegenüber dem Charme von Katarina Witt. «Man hat kein Recht, ein Urteil über Menschen mit einem solchen Talent zu fällen. Ich bin kein Fan des Eiskunstlaufs, aber ihr habe ich oft zugeschaut. Schade, daß sie aufhört, sie gehört nicht nur zum Sport, sie ist auch ein Teil des kulturellen Lebens. Man ist immer auf der Suche nach schönen Dingen. Es ist ein bißchen traurig, wenn sie verschwinden.

Eine andere Eiskunstläuferin hat mich ebenfalls beeindruckt: Peggy Fleming. Das war aber anders, eine andere Epoche.

Was Katarina Witt angeht, so gehört sie zu den außergewöhnlichen Persönlichkeiten, die wir immer brauchen.

Sie ist noch niemals bei mir gewesen, aber ich hoffe, daß ich sie eines Tages bei mir empfangen kann!»

Katarina –
aus der Sicht des Fotographen

Aber klar! Ich schreibe Ihnen drei Seiten über Katarina! Für wann? In fünf Tagen, o. k. Ich schicke sie nächsten Donnerstag ab... Das war vor ungefähr einem Monat. Ich, Gérard Vandystadt, Pressefotograph, hatte dem Autor dieses Buches leichtsinnigerweise versprochen, etwas zu schreiben von der Art «Katarina aus der Sicht des Reporters». Im ersten Moment habe ich mich gefreut und fühlte mich geschmeichelt. Ich liebe Eiskunstlauf, und neben der Pressefotographie, die ich seit 15 Jahren ausübe, schreibe ich auch gern. Aber ganz schnell baute sich zwischen mir, Katarina und dem unbeschriebenen Blatt Papier ein Hindernis auf. Ich liebe Katarina Witt, sogar sehr... Und alles war plötzlich schwierig. Über eine Sportlerin zu schreiben ist eigentlich leicht, aber von IHR zu schreiben und zu sprechen, von Katarina, da mußte für mich schon etwas Vollkommenes herauskommen, eine Musik, ein Gedicht, ein schönes und unnachahmliches Stück Literatur! Vielleicht so, wie man in vergangenen Jahrhunderten Briefe schrieb, der Brief eines schüchternen und aufrichtigen Verliebten. Aber alle Gedanken und Träume, Zuneigung und Bewunderung auf drei Seiten ausdrücken, das kann, wenn man das Handwerk des Schreibens nicht beherrscht, nur mittelmäßig und vulgär werden im Vergleich zu dem, wozu mich Katarina seit sechs Jahren inspiriert...

Das Papier blieb also unbeschrieben, ich wollte warten, bis ich einmal in Stimmung wäre für dieses für mich neue Erlebnis, nämlich ihren Namen einmal anders niederzuschreiben als nur als Bildunterschrift nach einer Reportagereise ans andere Ende der Welt, von der Art: «KATARINA WITT (DDR), WELTMEISTERIN (UNGARN) 1988.» Diesen Namen habe ich mit der Hand, später dann auf der (elektronischen) Schreibmaschine geschrieben, mehr als 3500 Mal auf genauso viele Farbdias, die ich von ihr seit «unserem» ersten Treffen 1982 in Dänemark gemacht habe. Ich wußte nichts vom Eiskunstlauf, ich bin von Berufs wegen zur Eisbahn gegangen, alle Sportarten interessieren mich, und ein Sportfoto enthält meine ganze Seele, meine Art zu leben und kreativ zu sein. Ich war fasziniert von diesem für mich neuen Sport und blieb einen ganzen Wettkampftag da, sechs Stunden lang, ein 2,5 kg schweres Teleobjektiv in der Hand, und fotographierte wie ein Verrückter. Ergebnis: mehr als 600 Fotos für meine Agentur. Gegen Ende des Wettbewerbs erschien in meinem 300 mm Objektiv das «Absolute», ein junges Mädchen von 17 Jahren, schon fast eine Frau, eine echte Göttin, lebendes Symbol meiner Träume von Vollkommenheit. Ich erinnerte mich an die Zeit, als ich 17 Jahre alt war und Stunden im Louvre verbrachte, einen ganzen Nachmittag selbstvergessen vor irgendeinem Bild oder einer antiken Skulptur, und mein Herz sich an der Reinheit, der Grazie und der Vollkommenheit ergötzte.

In Paris erzählte ich dann allen Leuten nur noch von einem jungen Mädchen namens Katarina Witt, keiner kannte sie, aber sie machte mich glücklich, und allen, die meinen Überschwang ertrugen, sagte ich, daß sie meiner Meinung nach bald Weltmeisterin und Olympiasiegerin werden würde!

1983 flog ich nach Helsinki zu den Weltmeisterschaften, und ich begann, sie zu lieben. 1984 erlebte ich ihren Triumph in Sarajevo, es war auch mein Triumph. Auch ich kam in gewisser Weise als Sieger zurück, denn ich hatte sie bei IHREN Olympischen Spielen erlebt, sie wiedergesehen, fotographiert und bewundert. An einem Trainingstag habe ich sie nur für mich in Schwarz-Weiß fotographiert (die Agentur vertreibt nur Farbbilder), ich habe bei dieser Gelegenheit zum ersten und einzigen Mal mit ihr gesprochen (mein Englisch ist grauenhaft...). «Please, Katarina, one portrait, thank you!» Dieses Foto hat seitdem den besten Platz in meinem Büro.

Katarina hat mich gelehrt, den Eiskunstlauf zu lieben, den Eislauf überhaupt, von Torvill/Dean bis Scott Hamilton, von Bestemijanowa/Bukin bis Brian Orser, Brian Boitano und anderen. Danach gab es noch viele andere Reportagen, noch einmal Kopenhagen, dann Genf, Paris, Sarajevo (nur wegen ihr bin ich an einem Tag hin- und zurückgeflogen), noch einmal Paris und Calgary.

Bei den Olympischen Spielen war ich dank meines 400 mm Teleobjektivs bei ihr auf dem Eis. Die Musik von «Carmen» bestimmte den Rhythmus meiner Aufnahmen, wir «liefen» im Gleichklang. Meine Kolleginnen und Kollegen beglückwünschten mich nach ihrem Sieg, UNSEREM Sieg. Ich war total erschöpft, ich hatte sie während ihrer gesamten Kür fotographiert und jede Sekunde miterlebt. Von dem Moment an, als sie auf das Eis kam, Hand in Hand mit Jutta Müller, ihrer fantastischen Lehrerin, war ich auch bei ihr... Durch das Objektiv sah ich ihre Augen, ihre Angst, ihre Kraft, ihr Leben, IHRE Olympischen Spiele. Einige Journalisten und auch Fachleute zweifelten an ihrem Sieg, ich nie, ich kannte sie zu gut. Kaum einen Monat nach Kanada waren dann in Ungarn (in Budapest) die Weltmeisterschaften.

Es war überwältigend und traurig. Ich fotographierte ihre Tränen nach der Verleihung der Medaillen – professionell und scheinbar ungerührt, wie ich es immer und jederzeit tue –, aber dies war ein grausamer und grandioser Augenblick. Jutta Müller war wie eine Mutter zu ihr, sie trocknete ihr die Freuden- und Kummertränen, denn in diesem Augenblick beendete sie ihre Wettkampfkarriere. Es war das erste Mal, daß ich eine so herausragende Sportlerin weinen sah, weil sie ihren Sport so geliebt hatte.

Sechs Jahre lang habe ich in den Zeitschriften der ganzen Welt Hunderte, Tausende von Fotos von Katarina Witt veröffentlicht (Time Magazine, Paris Match, L'Illustré de Lausanne, Le Figaro Magazine... und viele andere mehr). Ich bekam Titelseiten und Doppelseiten, und bei jeder Reportage über Katarina Witt, die ich machte, war ich glücklich, meinen Beruf, der mir über alles geht, für jemand auszuüben, den ich liebe, bewundere und schätze.

Heute ich sie eine Person der Zeitgeschichte, sie ist ein «Star», es sind über sie tonnenweise gute und schlechte Artikel geschrieben worden. Ich möchte noch sagen, falls ich es noch nicht getan habe, daß Katarina Witt für mich das Idealbild des Sports darstellt. Keine Sportlerin und kein Sportler – und ich habe in fünfzehn Jahren Tausende von ihnen fotografiert – hat mich je in meinem Beruf als Fotograph dermaßen inspiriert und den Ästheten in mir, den Künstler, den berufsmäßigen Kritiker (auch das!), den Journalisten (der immer nur mit einem Auge schläft) derart angesprochen. Warum? Weil sie ein schönes Mädchen ist? Natürlich finde ich sie sehr schön, aber das wäre zu einfach. Es gibt da etwas anderes, viele andere Gründe, die dazu führen, daß ganze Menschenmassen sich mittlerweile für sie begeistern. Sie ist ein Glücksfall, eine Ausnahme, ein Zufall (?), die weibliche Vollkommenheit in Person eines Gottes oder einer Göttin auf dem Eis, der Blitz, mit dem Jupiter die Epoche erhellt, ihre Epoche. Alle, die wie ich das Glück hatten, auf sie aufmerksam zu werden und sie kennenzulernen, die gesehen haben, wie sie lebt und eisläuft, verstehen, daß sie die Vollkommenheit gesehen haben. Die Schülerin von Jutta Müller hat den Eiskunstlauf erlernt, ihn beherrscht, gelebt und nach ihrem Bild wieder neu erschaffen... Katarina ist zur Leitfigur geworden, zur Verkörperung des modernen Eiskunstlaufs der Damen. Durch ihren Fleiß, ihr Talent, ihren Mut und ihren Erfolg.

Seit sechs Jahren habe ich mit meiner Kamera versucht, wiederzugeben, was ich empfand, und es machte mir Spaß, Bilder von ihr zu machen, die möglichst genau zeigten, wie sie ist und was ihre Kunst ausmacht. Wenn ich Zeichner, Maler oder Bildhauer wäre, so würde ich heute meine Objektive zur Seite legen und versuchen, ein Werk zu schaffen, das ihrer würdig ist und das wiedergibt, wieviel Freude sie anderen gebracht hat mit ihren dreiundzwanzig Lenzen. An ihren Sport, ihre Kunst und sie selbst werde ich mich lange erinnern, sie sind für mich beispielhaft, was Fleiß, Talent und Charme betrifft, und ganz im Innersten bewahre ich mir wie ein ungeheures Geschenk die Erinnerung an ihr einzigartiges Lächeln, eine Gabe Gottes und das Glück derer, die das Leben lieben...

Gérard Vandystadt
Paris, 10. Juni 1988

Katarina –
aus der Sicht einer Preisrichterin

Als Katarina Witt mit kurzgeschnittenen Haaren auf der internationalen Bühne erschien, war sie eine hübsche kleine Maschine, gut geölt, gut aufgezogen, aber vom künstlerischen Ausdruck her war sie erst am Anfang und wedelte einfach mit den Armen. Das ist normal... mit 13 Jahren, erinnert sich Frau Jacqueline Itschner, Preisrichterin.

«Es macht Spaß zu beobachten, wie sich Eisläuferinnen in diesem Alter weiter entwickeln. Sie entzücken durch ihre Kindlichkeit, aber sie übermitteln noch keinen Ausdruck. Ihre Gesten sind unbeholfen oder einfach angelernt, künstlich, nicht spontan. Erst später entfalten sie sich richtig. Einige überraschen jedoch bereits mit ihrer Kühnheit und ihrem großen technischen Repertoire; so war es auch am Anfang mit Katarina Witt. Ich glaube nicht, daß Katarina wesentlich begabter war als andere. Ihren Erfolg verdankt sie vor allem ihrem Fleiß und ihrem Willen. Mit Hilfe von Jutta Müller, ihrer Trainerin, ist sie ihre Karriere wie ein Profi angegangen, nichts wurde außer acht gelassen. Ich bin übrigens überzeugt, daß die Schauspielstunden ihr viel geholfen haben. In den letzten beiden Jahren hat sie außergewöhnliche Fortschritte gemacht!

Katarina versteht es immer, sich den Umständen anzupassen. Das beginnt bereits im Aufzug im Hotel. Sie ist nicht sehr gesprächig, aber sie lächelt. So steht es auf ihrem Programm! Wenn Katarina Witt dann auf dem Eis erscheint, setzen sich die Preisrichter in ihren Stühlen zurecht, sehen nach, ob ihr Bleistift auch ordentlich gespitzt ist und putzen ihre Brillen, denn jetzt wird es ernst. Katarina beherrscht die Situation, nicht nur durch ihren Eislauf, sondern auch durch ihre Präsenz. Natürlich auch durch ihren Namen, zugegeben... Ein Preisrichter versucht immer, Irrtümer zu vermeiden, aber bei ihr darf man sich erst recht nicht irren.

Katarina hat ein ungeheures Charisma, eine außergewöhnliche Ausstrahlung. Sie setzt Körper und Augen voll ein. Ihre Augen können Funken sprühen und gegen den Preisrichter, der sie falsch benotet hat, sozusagen Flammen werfen... Sie kann einem Angst einflößen mit ihrem stahlharten Blick und den zusammengebissenen Zähnen.

Nach dem Kurzprogramm in Genf 1986 weiß Katarina Witt, daß sie den Weltmeisterschaftstitel verloren hat. Im Bus, der uns in das Hotel zurückbringt, sitzt sie neben mir, sie bricht in Tränen aus, schluchzt. Jutta Müller ist da, sie bleibt unbeeindruckt. Keine Vorwürfe, aber auch kein Trost. Katarina weint nicht immer vor Freude!

Am nächsten Morgen jedoch ist Katarina zu allem entschlossen. Sie übertrifft sich selbst und schlägt Debi Thomas in der Kür.

Katarina steht immer auf der Bühne. Im täglichen Leben, beim Training, im Wettbewerb. Das ist wahre Klasse, das ist Cinecittà, Hollywood. Die Hauptrolle im Licht der Scheinwerfer.

Wenn man als Preisrichter Katarina Witt beurteilen muß, so beschleunigt sich der Pulsschlag. Besonders bei der Pflicht. Ich gebe zu, daß ich Lampenfieber habe, Angst, mich zu irren, nicht unparteiisch zu sein. Wenn Katarina ihre Figuren nun nicht gut läuft, wie soll man sie einstufen? Auf Platz 12 oder 15? Ich wage gar nicht, daran zu denken, denn dann hätte sie ja eine schlechte Ausgangsposition für das Kurzprogramm. Stellen Sie sich einmal Katarina vor, wie sie in der Gruppe läuft, bei der die Fernsehkameras nicht laufen! Was für ein Geschrei das gäbe – undenkbar! Gottseidank läuft Katarina ihre Figuren recht gut. Sie hat gute und weniger gute Momente, aber wirklich grobe Fehler macht sie in dieser Disziplin nicht. Sie schätzt sie zwar nicht besonders, aber man kann sich dieser Aufgabe eben nicht entziehen.

Was mich jedes Mal am meisten bei Katarina in der Plicht erstaunte, war, daß sie noch mehr Lampenfieber hatte als die Preisrichter. Ihr war richtig schlecht vor Angst, es war unglaublich. Sie war blaß, ihre Knie zitterten. Auf beiden Seiten ist die Spannung groß. Man möchte ihr sagen, wie übrigens allen anderen Konkurrentinnen auch, daß sie keine Angst zu haben braucht, daß wir nicht dazu da sind, sie zu verurteilen, daß wir ihr nur Gutes wünschen, aber – so will es das Reglement – man schweigt.

In der DDR bewegt sie sich in einem sorgfältig ausgewählten, gut eingespielten Team. Auch das wird sehr ernst genommen; echte Profis. Ein Beispiel: bei allen Wettbewerben kommt immer derselbe Preisrichter aus der DDR. Wenn die Witt kommt, spürt man, daß ein ganzes Volk hinter ihr steht. Bei der Schweizer Meisterin Stéfanie Schmid würde man denken, aha, da ist ja Stéfanie, bei dem Tschechoslowaken Peter Barna, da ist ja Peter. Mehr nicht. Aber das ist ein wichtiger Unterschied. Eine Art unsichtbarer und indirekter Druck. Die Vertreter der DDR haben nie versucht, mich zugunsten irgendeines ihrer Sportler zu beeinflussen. Dennoch ist dieser Umstand geeignet, die Preisrichter aus dem Westen zu beeindrucken, ganz zu schweigen von den Preisrichtern aus den kleineren Ostblockländern...

Man beobachtet bei Katarina eine ganz besondere Freude an der Bewegung, sie stellt sich gerne dar, will alles ausprobieren. Während des Trainings zur Kür habe ich oft mit Staunen beobachtet, wie sie nach der Musik der anderen Konkurrentinnen improvisierte, ganz gleich, ob es Jazz oder klassische Musik war.

Bei den Europameisterschaften in Sarajevo 1987 lag mein Zimmer neben dem von Katarina. Wir sind uns sehr oft über den Weg gelaufen. Sie kennt mich, weiß, daß ich Preisrichterin bin. Aber sie hat immer auf Abstand gehalten und lediglich höflich Guten Tag und Guten Abend gesagt.

Katarina hat ihre Popularität, ihre Berühmtheit selbst in die Hand genommen. Sie trägt die Verantwortung. Auch das mit Talent.

Ich denke, daß ihr inneres Gleichgewicht auch davon herrührt, daß man sie im Rahmen des Möglichen ihr Leben leben läßt. Dazu eine kleine Episode: Nach ihrem Sieg in Jugoslawien (1987) bei dem Abschiedsball in einem großen Hotel, zu dem sich die Crème de la Crème des Eiskunstlaufs eingefunden hatte, tanzte sie etwas allzu heftig, und die Träger ihres knappen Oberteils rissen! Alle Blicke waren auf sie gerichtet; Katarina mußte ihren Tänzer einen Augenblick stehen lassen und ein Jäckchen überziehen. Daraufhin sagte mein ehrwürdiger Nachbar, ein sehr seriöser Herr von der I. S. U, dessen Name ich natürlich nicht nennen möchte: ‹Sie macht mich verrückt, wirklich verrückt.› Auch das ist Katarina!»

Schütze oder Schlange

Stand es in den Sternen der hübschen Katarina, daß sie eines Tages ein Eisstar werden würde?

Besondere Vorliebe für körperliche Bewegung bis hin zum Wettkampfsport, große Willensstärke, die sie befähigt, auf die vordersten Plätze ihrer Spezialdisziplin zu gelangen, sobald diese erst einmal festliegt, ein ungezwungenes Lächeln, außergewöhnliche Höflichkeit und Liebenswürdigkeit; könnte man nicht sagen, daß dieses Portrait haargenau auf Katarina zutrifft?

In Wirklichkeit handelt es sich um einige Hauptmerkmale der Schützegeborenen. Katarina wurde am 3. Dezember 1965 in Staaken geboren, und zwar – wie Sie unschwer erraten werden – unter dem Sternzeichen des Schützen.

Bei den Schützen unterscheidet man zwei Grundtypen: den introvertierten, düsteren und eher pessimistischen Typ und – häufiger – den extrovertierten Typ. Ganz zweifellos gehört Katarina zu diesem stark von Jupiter beeinflußten zweiten Typ: eine hohe Stirn, von der ernste und gelassene Autorität ausgeht, ein stilles Lächeln, ein ruhiger Blick, sehr bewegliche Augen und ein Mund mit leicht aufgeworfenen Lippen machen aus ihr eine typische Schützefrau.

Fügt man noch hinzu: «insgesamt sehr regelmäßige Gesichtszüge, ein festes Kinn und ein für physische Leistungen gebauter Körper», so werden Sie zustimmen, daß ihre Erscheinung in keiner Weise ihre Zugehörigkeit zu ihrem Tierkreiszeichen verleugnet.

Wie wir gesehen haben, zeichnet sich der Schütze durch immense Freundlichkeit aus. Das kann so weit gehen, daß er den Eindruck erweckt, zu flirten, und zwar in allen Lebenslagen. Damit verfügt er über einen fabelhaften Trumpf, wenn es darum geht, gleichzeitig eine anspruchsvolle Jury und ein großes Publikum zu bezaubern. Der Schütze fühlt sich unter Leuten wohl und ist allgemein beliebt.

Aber im tiefsten Grunde seines Wesens ist er oft hin und hergerissen zwischen seinem Hang zum Konformismus und seiner Abenteuerlust. Michèle Curcio*sagt über ihn: «Ein solcher Schützemensch, der mit einem soliden Knochenbau geboren wurde und dem Wunsch, seine Muskulatur zu entwickeln und zu trainieren, fühlt sich natürlich von Tätigkeiten, die solche Voraussetzungen erfordern, stark angezogen. Er eignet sich nicht für einen

---
* Michèle Curcio, Les signes du zodiaque: Sagittaire – Editions Tchon

sitzenden Beruf. Und er entspannt sich am besten, wenn er per Motorrad oder zu Fuß mit leichtem Gepäck durch die Lande zieht. Er gehört zu den Menschen, die mit Vorliebe herumstreifen und auch weite Reisen auf sich nehmen, um Abenteuer zu erleben. Kann sich ein Schütze einen Beruf aussuchen, der diesem Stil entspricht, wird er sehr glücklich sein.»

Sie muß sich also in ihrer Haut sehr wohlfühlen, die hübsche DDR-Sportlerin...

Könnten Sie ihr gefallen?

In Herzensdingen geben die Astrologen einer Verbindung der Schützefrau mit einem Mann des gleichen Sternzeichens große Erfolgschancen. Von Natur aus von ihm angezogen weiß sie, daß allein er – ebenso wie sie – Abenteuerlust und Festhalten an Prinzipien miteinander vereinbaren kann. Pech für Michael Jackson, der nicht dazu gehört, obwohl er der Eislaufkönigin jeden Tag eine rote Rose schickt. Denn der Zufall hat es gewollt, daß er am 29. August unter dem Sternzeichen Jungfrau geboren wurde. Man kann eben nicht alles haben...

Aber sollten auch Sie ganz verrückt nach Katarinas ach so blauen Augen sein, haben Sie noch alle Chancen, wenn Sie ein Löwe sind. Aber passen Sie auf, daß Sie nicht zu forsch vorgehen: das würde sie verärgern.

Auch die Zwillinge liegen gut im Rennen, allerdings unter der Voraussetzung, daß sie ihr Zeit lassen, auch einmal zu Wort zu kommen... Und sind Sie Wassermann oder Widder, brauchen Sie keineswegs den Mut zu verlieren: Ihre Ideen und Ihre Energie sind nicht zu unterschätzende Vorteile, die Sie ebenfalls zur Spitzengruppe gehören lassen. Sie könnte durchaus Lust haben, Ihnen zu folgen!

Und was den Stier angeht, so scheint er für die Schützefrau der ideale Partner zu sein, zwar nicht in der Liebe, aber bei der Arbeit. Wie kein anderer weiß er ihre Interessen zu wahren und zu fördern. Vielleicht ist der Stier das Sternzeichen von Jutta Müller?

Schütze oder – Schlange!

Die charakteristischen Merkmale des Schützen sind bei Katarina erstaunlich stark ausgeprägt, das muß man zugeben! Ergänzt man sie aber noch durch die ihres chinesischen Horoskops, werden auch die größten Skeptiker überrascht sein!

Nach der chinesischen Astrologie ist Katarina auf Grund ihres Geburtsmonats und -jahres im Zeichen der Schlange geboren (vom 21. 2. 1965–20. 1. 1966). Die kürzeste und einfachste Bedeutung der Schlange ist aber... Verführung.

Die unter diesem Zeichen Geborenen sind bekannt für ihre körperliche Anziehungskraft und ihren außerordentlichen Charme, aber ebenso für ihre große Fähigkeit, den Eindruck zu erwecken, unter allen Umständen mit anderen Menschen gut auszukommen. Wäre Katarina also ebenso Schlange wie Schütze?

Sehen wir weiter. Ihr Geburtstag ist der 3. Dezember 1965, somit ist sie eine sogenannte Dezember-Schlange. Was sagen nun die Experten der chinesischen Astrologie über Dezember-Schlangen, sieht man einmal von allgemeinen Merkmalen ab, die für alle Schlangen gelten?

«Die im Dezember Geborenen verfolgen ihr Ziel mit seltener Beharrlichkeit. Sobald sie einmal wissen, was sie wollen, kann sie nichts mehr daran hindern, ihr Ziel zu erreichen. Nur wenige Menschen sind so hartnäckig wie sie. Daher liegen ihnen alle Tätigkeiten ganz besonders, die ein hohes Konzentrationsvermögen erfordern.»

Konzentration aber ist die unerläßliche Voraussetzung, wenn es darum geht, die kompliziertesten Sprünge zu meistern oder sich einem brechend vollen Eisstadion mit einem Lächeln auf den Lippen zu stellen, und dort, ohne mit der Wimper zu zucken, ein mit Schwierigkeiten gespicktes Programm vorzutragen. Und dies unabhängig davon, was dabei auf dem Spiel steht.

Es fehlt Katarina wahrhaftig keine Grundvoraussetzung, um in ihrer Kunst Erfolg zu haben.

In Herzensdingen sieht das chinesische Horoskop ihr Glück an der Seite eines im September des Hasenjahres oder im April des Hahnenjahres geborenen Mannes. Meine Herren, schauen Sie sich Ihren Kalender an! Sie sind ein entsprechender Hase, wenn Sie im September 1927, 39, 51, 63 oder 75 geboren wurden, oder ein ebenso begünstigter Hahn, wenn Sie im April 1921, 33, 45, 57 oder 69 auf die Welt gekommen sind!

Um diesen kleinen Blick in die Sterne abzuschließen, die manche Zufall und andere Schicksal nennen, sei noch erwähnt, daß wir seit dem 17. Februar 88 und bis zum 5. Februar 89 im Jahr des Drachen leben.

Diesen Zeitraum hat unsere Eisprinzessin gewählt, um dem Wettkampfsport Lebewohl zu sagen. Hatte sie recht damit? Was könnte das Jahr des Drachen für die Schlangegeborenen bringen? Den Beginn einer außergewöhnlich glücklichen und abenteuerreichen Zeit (was dem Schützen in ihr nicht mißfallen dürfte!). Bis 1989, das wieder ein Jahr der Schlange ist... Und das verspricht einiges! Katarina Witt wird uns gewiß noch einige Male überraschen...

Die Siegerinnen

Europameisterschaften
1978	Anett Pötzsch	DDR	Straßburg
1979	Anett Pötzsch	DDR	Zagreb
1980	Anett Pötzsch	DDR	Göteborg
1981	Denise Biellmann	Schweiz	Innsbruck
1982	Claudia Kristofics Binder	Österreich	Lyon
1983	KATARINA WITT	DDR	Dortmund
1984	KATARINA WITT	DDR	Budapest
1985	KATARINA WITT	DDR	Göteborg
1986	KATARINA WITT	DDR	Kopenhagen
1987	KATARINA WITT	DDR	Sarajevo
1988	KATARINA WITT	DDR	Prag

Weltmeisterschaften
1978	Anett Pötzsch	DDR	Ottawa
1979	Linda Fratiane	USA	Wien
1980	Anett Pötzsch	DDR	Dortmund
1981	Denise Biellmann	Schweiz	Hartford
1982	Elaine Zayak	USA	Kopenhagen
1983	Rosalynn Sumners	USA	Helsinki
1984	KATARINA WITT	DDR	Ottawa
1985	KATARINA WITT	DDR	Tokio
1986	Debi Thomas	USA	Genf
1987	KATARINA WITT	DDR	Cincinnati
1988	KATARINA WITT	DDR	Budapest

Olympische Spiele
1980	Anett Pötzsch	DDR	Lake Placid
1984	KATARINA WITT	DDR	Sarajevo
1988	KATARINA WITT	DDR	Calgary

Katarina von A bis Z

A wie Axel, Katarinas Bruder
B wie Beine, die vielbewunderten
C wie Carmen, ihre beste Rolle
D wie Diva, Katarina ist bereits eine
E wie Erste, dieser Rang gefällt ihr am besten
F wie Flip, diesen Sprung springt sie nicht oft
G wie Gewinnerin, dazu hilft ihr der «Killerinstinkt»
H wie Herausforderung, die nahm sie immer an
I wie Idol, das ist sie für viele
J wie Jutta (Müller), Trainerin-Mutter-Vertraute
K wie Katarina
L wie Lutz, den sprang sie nie dreifach
M wie Medaille, davon hat sie 12 in Gold
N wie Note, sie bekam meist die besten
O wie Olympiasiegerin, die war sie zweimal
P wie Pflicht, die hat sie nie besonders gemocht
Q wie Qualitäten, davon besitzt sie viele
R wie Rittberger, nicht gerade ihr Lieblingssprung
S wie Schütze oder Schlange, astrologisch gesehen
T wie Toe-Loop, den springt sie mit Bravour
U wie unvergleichlich, das ist sie wirklich
V wie Venus, auf dem Eise ...
W wie Witt
X wie Xanthippe, das echte Gegenstück zu ihr
Y wie Yen, damit mußte sie in Tokio bezahlen
Z wie Ziele, ihre hat sie stets erreicht!

Wissenswertes vom Eiskunstlauf

Pflichtlauf

Manche Eisläufer verdanken ihren Erfolg der Pflicht. Perfekt auf diesem Gebiet der geometrischen Figuren waren zum Beispiel Sjouke Dijkstra aus Holland, Weltmeisterin von 1962 bis 1964, und Trixi Schuba aus Österreich, Weltmeisterin 1971 und 1972. Die anderen, die weniger begabt in dieser Disziplin waren, mußten dagegen in den Kürläufen hervorragende Leistungen zeigen, um den Rückstand aufzuholen. Das gilt zum Beispiel für Denise Biellmann, die Weltmeisterin von 1981. Katarina Witt hat die Pflichtfiguren nie besonders gemocht, allerdings hat sie sich dabei auch nie zu weit abhängen lassen (außer ganz am Anfang). Mit der Kür konnte sie dann häufig ihren Rückstand wettmachen. Bei den Weltmeisterschaften in Budapest 1988 lag sie nach der Pflicht sogar an der Spitze!

Man kann den Pflichtlauf und die Pflichtfiguren mit den Übungsstücken der Musiker oder Sänger vergleichen. Entweder man liebt sie, man haßt sie oder... man läßt sie einfach über sich ergehen.

Immer wieder kommt es in Eislaufkreisen zu ausführlichen Diskussionen über den Sinn dieser Übungen, ob man sie beibehalten soll oder nicht. Selbst die Internationale Eislaufunion (ISU) hat vorgeschlagen, diese Disziplin abzuschaffen. Eine Entscheidung wird auf der Tagung in Davos in der Schweiz gefällt werden.

Viele Trainer halten gar nichts davon, daß diese «Dreier», «Achter» oder «Schlingen» mit den merkwürdigen Namen verschwinden sollen: zweifacher Kantenwechsel, Dreier rückwärts auswärts, Schleife vorwärts einwärts oder auch Schlingenparagraph! Ihr Argument: durch diese Schulübungen lernen die Eisläufer, sich zu konzentrieren, mit den Kanten zu arbeiten (jede Schlittschuhkufe ist hohlgeschliffen und hat zwei Kanten, eine Innenkante und eine Außenkante). Das ist vor allem bei der Kür sehr nützlich.

Wie gesagt, die Meinungen sind seit langem sehr geteilt über diese Figuren, die der Eiskunstläufer auf das Eis «zeichnen» muß, drei- oder viermal hintereinander und natürlich deckungsgleich. In den fünfziger Jahren machte die Bewertung der Pflichtfiguren 60% der Gesamtwertung aus. Später 50%. Mit Einführung des Kurzprogramms ist ihr Anteil auf 30% gesunken. Bei Meisterschaften werden jetzt nur noch drei statt fünf Figuren gelaufen.

Zu Beginn jeder Saison wählt die ISU zwei Gruppen à drei Figuren aus der offiziellen Liste von 41 aus. Die auszuführende Gruppe sowie der Fuß, auf dem die Figuren zu laufen sind, werden bei dem ersten offiziellen Training ausgelost. Ein guter Platz nach der Pflicht bedeutet eine gute Startnummer für das Kurzprogramm, das bedeutet, daß man gegen Ende laufen darf, wenn die Preisrichter höhere Noten geben. Für den Paarlauf gibt es keine Pflicht, während beim Eistanz drei «Pflichttänze» gelaufen werden müssen.

Kurzprogramm

Das Kurzprogramm ist eine Art Kür mit Pflichtelementen. Zu Beginn jedes Jahres legt die Kunstlaufkommission der ISU sieben Elemente fest – Sprünge, Pirouetten und Schritte –, die in jedem Programm enthalten sein müssen. Die Reihenfolge kann der Eisläufer bestimmen, wie es ihm gefällt und zu seiner Musik paßt. Ein mißlungenes Element darf jedoch nicht wiederholt werden. Eine umbarmherzige Prüfung, bei der man keinen Fehler machen darf...

Der geringste Fehler bringt ein oder zwei Zehntel weniger, die Kriterien werden vorher genau festgelegt. Der Eisläufer verfügt für dieses sogenannte Kurzprogramm über max. 2 Min. und 15 Sek. Bei den Einzelläufern und den Paarläufern entfallen 20% der Gesamtwertung auf das Kurzprogramm. Dieser Prozentsatz wird auch bei dem Freien Spurenbildtanz der Eistänzer angewendet.

Kür

Nach Pflicht und Kurzprogramm kommt es zu einer Zwischenwertung. Die 24 besten Eiskunstläufer dürfen dann in der Kür antreten. Es werden vier Gruppen gebildet. Sie laufen in der umgekehrten Reihenfolge des Klassements; ihre Startnummer innerhalb der Gruppe wird ausgelost, genau wie nach der Pflicht.

Es ist also von Vorteil, wenn man unter den Letzten laufen darf, mit den Stars. Dann steigen auch die Noten. Die Kür der Damen und der Eistänzer darf höchstens 4 Minuten dauern, die der Herren und Paarläufer höchstens 4 Min. und 30 Sek. Die Kür hat einen Anteil von 50% am Gesamtergebnis.

In diesem Programm kann der Eiskunstläufer seiner Fantasie freien Lauf lassen, er kann seinen Vortrag gestalten, wie er will, er bestimmt Art und Anzahl der Sprünge und Pirouetten, das heißt, fast – aber darauf kommen wir noch zurück. Katarina Witt hat sofort begriffen, daß man sich mit Einfallsreichtum, gut gestalteten Choreographien und sorgfältig ausgewählter Musik einen großen Vorsprung verschaffen kann. Ihr gutes Aussehen hat ihr diese Sache natürlich noch erleichtert!

Wir haben schon gesagt: für die Kür gibt es keine Vorschriften, aber so ganz stimmt das doch nicht. Die Konkurrenten müssen doch einige Vorschriften beachten, z.B. müssen sie vier verschiedene Pirouetten laufen, davon eine Pirouettenkombination. Eine Schlingenschrittfolge und eine Sprungfolge, die jeweils wieder durch andere Schritte verbunden werden können. Ein dreifacher Sprung darf nicht wiederholt werden, es sei denn in Kombination mit einem anderen Sprung.

Die Sprünge

Es gibt insgesamt sechs Sprünge, sie können einfach, doppelt, dreifach und sogar vierfach ausgeführt werden!

Am leichtesten kann man den Axel erkennen, obwohl er vom Sprung her einer der schwierigsten ist. Es ist der einzige Sprung, bei dem der Eiskunstläufer vorwärts abspringt. Deshalb muß er eine halbe Drehung mehr in der Luft ausführen. Ein dreifacher Axel ergibt also 3½ Drehungen. An Sprüngen gibt es sonst noch den Toe-Loop, auch getippter Loop oder Cherry-Flip genannt, den Rittberger oder Loop, den Lutz, den Salchow und den Flip.

Jeder Eiskunstläufer hat seine Lieblingssprünge, die ihm ganz besonders gut gelingen. Bei Katarina waren das zweifellos der Toe-Loop und der Salchow.

Die Geschichte der Sprünge

1882 In Wien springt der Norweger Axel Paulsen zum ersten Mal den Axel

1909 In Stockholm springt der Schwede Ulrich Salchow zum ersten Mal den Salchow

1910 In Berlin springt der Deutsche Werner Rittberger zum ersten Mal den Loop

1913 Der Österreicher Alois Lutz springt zum ersten Mal den Lutz

1925 Der Österreicher Karl Schäfer springt zum ersten Mal den Doppelten Loop

1928 Der Schwede Gillis Grafström und der Kanadier Montgomery Wilson springen zum ersten Mal den Doppelten Salchow

1944 Der Amerikaner Richard Button springt zum ersten Mal den Doppelten Lutz

1952 Richard Button springt in einem Wettbewerb zum ersten Mal einen dreifachen Sprung (Loop)

1962 In Prag springt Donald Jackson zum ersten Mal den Dreifachen Lutz

1978 Der Kanadier Vern Taylor springt bei den Weltmeisterschaften in Ottawa zum ersten Mal den Dreifachen Axel

1986 Bei den Europameisterschaften in Kopenhagen springt Josef Sabovcik zum ersten Mal den Vierfachen Toe-Loop. Diese Leistung ist umstritten, denn einige behaupten, daß der Tschechoslowake mit dem Schlittschuh des Spielbeins das Eis leicht berührt hätte.

1988 Bei den Weltmeisterschaften in Budapest springt der Kanadier Kurt Browning einen Vierfachsprung, den Toe-Loop, diesmal perfekt.

1983 hatte der Sowjetrusse Alexander Fadejew bei den Weltmeisterschaften 1983 in Helsinki schon einen Vierfachen Toe-Loop versucht, aber beim Aufsprung berührte er das Eis mit einer Hand ... In den Sechziger Jahren gehörten die Amerikaner David und Alan Jenkins und Roland Robertson zu den ersten, die den Dreifachen Salchow und den Dreifachen Rittberger korrekt sprangen. Nach der Pflicht und den Kürläufen (d. h. Kurzprogramm und Kür zusammen) wird den besten Eisläufern in diesen Einzeldisziplinen ebenfalls eine Medaille überreicht, die sogenannte «kleine Medaille» in Gold, Silber oder Bronze.

Die Noten

Die Preisrichter geben Noten zwischen 0 und 6, zur weiteren Unterscheidung stehen ihnen noch Zehntel zur Verfügung. Für die Pflicht gibt es nur eine einzige Note, während es bei den Kürprogrammen die A-Note für den technischen Wert und die B-Note für den künstlerischen Eindruck gibt.

Die Note als solche, so wie die Zuschauer oder Fernsehzuschauer sie sehen, hat heute keine große Bedeutung mehr, wichtig ist die Platzziffer, der Rang, der dem Eiskunstläufer zugesprochen wird. Diese Information erscheint jedoch weder auf der Anzeigetafel noch auf den Bildschirmen. Das ist zwar bedauerlich, aber der Laie kann damit sowieso nicht viel anfangen.

Das Publikum wundert sich häufig, wenn einer der Preisrichter wesentlich niedrigere Noten gibt als seine Kollegen. Wenn er jedoch dabei konsequent ist, so ist das für das Gesamtergebnis vollkommen gleichgültig.

Es ist deshalb für einen Eiskunstläufer besser, wenn er die Note 4,9 bekommt und auf Platz 3 gesetzt wird, als wenn er mit Note 5,1 auf Platz 4 eingestuft wird.

Die Idealnote 6 wird selten gegeben, sie ist die Belohnung für einen perfekten Vortrag. Für Katarina Witt gab es die 6.

Die Preisrichter werden oft – zu Recht oder zu Unrecht – kritisiert, aber wichtig für den Eiskunstlauf ist eigentlich, daß bisher schließlich immer die Besten auf dem Siegertreppchen standen.

Keine Pflichtstunden mehr!
Ein Wendepunkt in der Geschichte des Eiskunstlaufs

Wenn die Pflichtfiguren 1990 abgeschafft sein werden, wird man nicht mehr jene dickvermummten Damen und Herren der Jury mit Pelzmützen und Moonboots bei ihrer absonderlichen Gymnastik beobachten können, wie sie stehend, auf den Knien oder platt auf dem Bauch liegend die vom Eiskunstläufer hinterlassenen Spuren überprüfen, während dieser ungeduldig wartet und sich zu fragen scheint, was er hier eigentlich soll!

Keine Karten mehr, keine Noten, die aus merkwürdigen, um den Hals gehängten Kästen auf den Pfiff des Schiedsrichters hin herausgezogen und hochgehoben werden, damit eine Handvoll Zuschauer sie sehen kann.

Die Pflichtfiguren werden nicht auf der Haupteisbahn gelaufen. Sie sind auf eine Nebenbahn verbannt, die meistens gar nicht oder schlecht beheizt ist. Eisig sozusagen... Man verständigt sich nur flüsternd, Niesen ist verboten!

Während die neun Preisrichter ihre Arme hochheben, es sieht fast aus wie ein V, wie Victory, kommt dennoch von Zeit zu Zeit etwas zaghafter Applaus auf. Das können nur Eingeweihte sein oder Leute, die keine Ahnung haben. Die Eingeweihten verzeihen es den Preisrichtern nicht, daß sie nicht aufs Eis gehen dürfen und es ihnen vom Rand aus unmöglich ist, festzustellen, wie die entsprechende Figur nun tatsächlich gelaufen wurde, und die, die keine Ahnung haben, möchten als Experten gelten oder aber – sie klatschen sich nur die Hände warm... Kurz, so lustig wie ein Begräbnis. Man muß das wirklich lieben, denn sonst kann einem beim besten Willen nichts zugunsten des «Bogenachters» oder «Doppeldreiers» einfallen, der nun noch zwei weitere Jahre aufs Eis gezirkelt werden muß. Wir ziehen da die Achterbahn auf dem Rummelplatz vor, es gibt Stimmung, Aufregung, Musik, da ist einfach Leben! Oder natürlich auch die Kürprogramme, besonders die von Katarina Witt.

Die Pflichtfiguren wurden geliebt oder gehaßt, sie waren oft ausschlaggebend für die Plazierung, aber mit den Jahren haben sie an Schrecken und Bedeutung verloren. Sie sind alt geworden. Man war sich schon seit längerem darüber im klaren, daß sie – so wenig publikumswirksam und umstritten, wie sie waren – in den letzten Zügen lagen, daß ihre Tage gezählt waren. Einigen flößen sie zwar immer noch Respekt ein. Nun rangiert man sie aus, vorsichtig und mit Stil, als wenn die Verantwortlichen ihnen ehrenhalber ein schönes Ende bereiten wollten. Es wird ein allmählicher Abgang, sozusagen häppchenweise.

Die Internationale Eislaufunion hat auf ihrem Treffen in Davos in der

Schweiz Mitte Juni 1988 beschlossen, die Pflicht erst zum 1. Juli 1990 vollkommen aus den internationalen Wettbewerben zu streichen.

Ein wichtiger Wendepunkt, der den künstlerischen Eindruck aufwertet. Ganz nebenbei verkürzt man damit auch die Dauer der Meisterschaften, und es gibt nur noch Disziplinen, die sich für die Fernsehübertragung eignen...

So bleiben also nur noch die Kürprogramme übrig. Das Kurzprogramm heißt dann «Originalprogramm» und wird von 2 Minuten 15 Sekunden auf 2 Minuten 40 Sekunden verlängert. Es wird dann acht Elemente statt bisher sieben umfassen. Die Abzüge für Fehler werden weniger drastisch sein, und die Eiskunstläufer haben mehr freie Gestaltungsmöglichkeiten. Es beeinflußt das Gesamtergebnis zu einem Drittel, während die Kür dann zwei Drittel ausmacht. Bei ihr gibt es keine Änderungen.

Die Startreihenfolge beim «Originalprogramm» wird wahrscheinlich entsprechend der Plazierung der Eiskunstläufer bei den vorhergehenden Meisterschaften festgelegt werden.

Bei der Kür – das ist etwas ganz Neues – wird die B-Note, die zweite Note für den künstlerischen Eindruck, wichtiger sein als die A-Note für den technischen Wert.

In den zwei Übergangsjahren werden die Eiskunstläufer nur zwei Pflichtfiguren laufen müssen statt bisher drei. Die Aufteilung der drei Disziplinen ist dann 20, 30 und 50 % (Pflicht, Originalprogramm und Kür).

Diese Beschlüsse sind mit großer Mehrheit gefaßt worden, 27 von insgesamt 36 stimmberechtigten Nationen haben dafür gestimmt. Nur Kanada, die USA, Groß-Britannien und Neuseeland waren dagegen.

Diese Maßnahmen haben natürlich entsprechende Reaktionen in der Eislaufwelt hervorgerufen, auch Jutta Müller hat Stellung genommen und ihre Freude zum Ausdruck gebracht, daß diese Übungen ganz wegfallen; ihrer Meinung nach müßte es jedoch am besten gleich sein. In einem Interview mit der Zeitung «Deutsches Sportecho» bedauerte sie, daß die Eiskunstläufer wegen dieser Entscheidung noch mindestens zwei Jahre lang die Pflichtfiguren trainieren müssen. Jutta Müller ist der Ansicht, daß die Eiskunstläufer mehr Zeit haben müßten, um ihre körperliche Ausdruckskraft ausfeilen zu können. Eine kompetente Stellungnahme.

Beim Eistanz gibt es keine Veränderungen. Beim Paarlauf wird die Anzahl der Sprünge beim Kurzprogramm aus Sicherheitsgründen von 3 auf 2 reduziert.

Wir danken der Journalistin Véronique Desarzens für ihre freundliche Unterstützung.

Inhalt

Vorwort 9
Lebensfreude 11
88: Das Jahr der großen Herausforderung 13
Carmen gegen Carmen 17
Budapest: Der Abschied 21
Ein Blick zurück 23
Killerinstinkt 29
Die Show 31
Sexy-Kati 35
Die Gegnerinnen 37
Zwei Verbündete 39
Die Erfolgsetappen der « Witt-Side-Story » 45
Und was kommt jetzt? 53
Die vierte Dimension 55

Anhang:

Katarina aus der Sicht — von Denise Biellmann 57
                      — von Oliver Höner 59
                      — von Otto Hügin 61
                      — von Freddy Girardet 63
                      — des Fotografen 65
                      — einer Preisrichterin 69

Schütze oder Schlange 73
Die Siegerinnen 117
Katarina von A bis Z 119
Wissenswertes vom Eiskunstlauf 121
Keine Pflichtstunden mehr! 125

Achevé d'imprimer en octobre 1988
sur les presses de l'imprimerie Laballery
58500 Clamecy
Dépôt légal : octobre 1988
Numéro d'impression : 810034

Imprimé en France